www.tredition.de

AF185018

Bernadette Wiederkehr, Franziska K Müller

# Auf der Suche nach meinen Wurzeln

## ein lebenslanger Prozess

www.tredition.de

© 2020 Bernadette Wiederkehr, Franziska K Müller

Verlag und Druck:
tredition GmbH, Halenreie 40-44, 22359 Hamburg

ISBN
Paperback:   978-3-347-16026-2
Hardcover:   978-3-347-16027-9
e-Book:      978-3-347-16028-6

# Die Suche nach meinen Wurzeln

## Von Bernadette Wiederkehr

Dieses Buch möchte ich meinen beiden Familien widmen, meiner Adoptivfamilie und meiner leiblichen Familie. Aber auch all jenen, die selbst adoptiert wurden und sich auf die Suche nach ihren eigenen Wurzeln machen wollen.

## Vorwort

Ich habe zwei Mütter, die unterschiedlicher nicht sein könnten, und beiden gemeinsam verdanke ich meine Existenz.

Meine leibliche Mutter - der Einfachheit halber nenne ich sie hier Martha - hat mir das Leben geschenkt.

Meine Adoptivmutter nenne ich Mutter. Sie schenkte mir uneingeschränkte Liebe, Fürsorge, Vertrauen und vermittelte mir ihre Werte. Dafür bin ich ihr für immer dankbar.

Dass wir zu dritt eine sehr schöne Zeit erleben durften, ist sicher meiner Mutter zu verdanken. Sie verfügte über das Geschick, diese Bande zu knüpfen. Ihr Umgang mit dieser Geschichte und mit Martha war immer respektvoll.

Mit der intensiven Aufarbeitung meiner Adoption und der Spurensuche begann ich erst nach dem Tod meiner biologischen Mutter. Heute frage ich mich, warum ich dies erst nach ihrem Tod am 6. Januar 2014 getan habe. Wollte ich unsere gute Beziehung nicht aufs Spiel setzen? Glaubte ich, noch über viel Zeit zu verfügen, um belastende Fragen mit Martha klären zu können?

Sie starb völlig unerwartet. Unsere gemeinsame Zeit war damit vorbei. Für immer. Ich begann, mir viele Fragen zu stellen. Die Suche nach meinen Wurzeln gestaltete sich intensiv und aufwühlend. Immer wieder fühlte ich mich hin- und hergerissen. Viele Tränen flossen, manchmal verspürte ich Wut, vor allem aber auch viel Freude, und manche Erkenntnisse eröffneten sich mir.

Dankbar und glücklich macht mich, dass ich in der Zwischenzeit so viele Menschen aus meiner zweiten Familie und aus dem Freundeskreis von Martha kennenlernen durfte. Positiv und verständnisvoll nahmen sie mich herzlich und mit offenen Armen auf.

Die Adoption wird immer ein Bestandteil meines Lebens sein und die Suche nach den Wurzeln bleibt ein lebenslanger Prozess. Dass ich mich der Geschichte gestellt habe, ermöglicht es mir aber auch, für manche Fragen einen versöhnlichen Abschluss zu finden. Das ist eine Bereicherung für mich und mein Leben.

Wenn ich könnte, würde ich Martha heute fest in die Arme schließen. Ich würde sie von einer Last befreien wollen, die sie bis zum Schluss mit sich trug. Ich würde ihr sagen, dass es gut ist, so wie es ist.

Bernadette Wiederkehr, im September 2020

Vor mir liegt ein Fotobuch, das mir erst kürzlich überreicht worden ist. Die Seiten sind mit einer durchsichtigen Folie bedeckt, ein Schutz für Erinnerungen an ein gutes Leben. Martha und ihr Mann sind abgebildet, zusammen mit Kollegen aus den verschiedenen Gremien, die Dölf bekleidet hat. Man grillt. Man trinkt und lacht. In Soglio (GR) befand sich ihr Ferienhaus, das sie liebten. Gelebt haben sie aber in St. Moritz. Er war Anwalt, eine wichtige Persönlichkeit im Ort, und seine Frau stand an seiner Seite, erfüllte die ihr zugedachten Aufgaben. Martha, das Mädchen aus einfachen Verhältnissen, hatte den Sprung in die bessere Gesellschaft geschafft. Auf einem anderen Bild trägt sie eine Perlenkette, ist schön frisiert und gekleidet. Doch ihr Blick verrät Melancholie, eine Trauer, die mit Gedanken zusammenhängen muss, die sie mit einer Zäsur verband: als sie ihr Kind weggeben musste.

Über die Gründe für diese Entscheidung sprach sie auch mit mir nicht. Obwohl wir seit über fünfundzwanzig Jahren wieder in Kontakt standen. Ihr Tod im Jahr 2014 war ein Schock für mich. Die Chance auf eine weitere Annäherung, die aus uns mehr als nur Freundinnen gemacht hätte, konnte nicht mehr stattfinden. Dass unser gemeinsamer Weg so abrupt endete, stürzte mich in eine Krise. Heute weiß ich, dass der Tod meiner leiblichen Mutter mir in den folgenden Jahren bei allem Unglück auch einen Freiraum eröffnete. Ich konnte mich auf die Suche begeben, konnte jene Fragen stellen, die ich aus Rücksicht auf sie irgendwann nicht mehr gestellt habe. Ein Tor öffnete sich und viele neue Kontakte und Informationen komplettierten allmählich das Bild. Die Geschwister von Martha, ihre Nachkommen und Menschen, die sie gut gekannt haben, nahmen mich mit offenen Armen auf. Meine zweite Familie war nicht erstaunt, dass ich nach den langen Jahren, in denen ich mit Martha in Kontakt stand, mehr über sie erfahren wollte. Sie unterstützten mich, halfen mir, Kontakte zu knüpfen. Diese Familie kennenlernen zu dürfen, erwies sich als großes Glück und als Chance, um mit einer Geschichte abschließen zu können, die vor 57 Jahren ihren Anfang nahm.

Eine doppelte Befreiung

Es war das Jahr 1963. Auf der einen Seite stand ein Paar, das sich sehnlichst eine Tochter wünschte, ein Geschwisterchen für ihren Jungen, den sie ein Jahr zuvor adoptiert hatten. Die damals 30-jährige Margrith Anna und ihr Mann, der 34-jährige Walter Wiederkehr, waren seit wenigen Jahren verheiratet und konnten dem angenommenen Nachwuchs alles bieten, was auch von amtlicher Wichtigkeit war: Ein schönes Zuhause, eine Mutter, die gut für die Kinder sorgte, ein Mann, der ausreichend Geld verdiente, um seiner Familie ein sicheres Auskommen zu bieten.

Auf der anderen Seite befand sich eine junge Frau. Sie stammte aus einem Dorf in den Bergen, hatte den Sprung in die Stadt gewagt und war ledig schwanger geworden. In jenen Jahren galt ein uneheliches Kind noch als Schande und auf den ledigen Müttern lastete ein gesellschaftliches Stigma.
Heute erhalten Betroffene in einer solchen Situation emotionale und finanzielle Unterstützung, durch den Staat, durch Hilfsorganisationen und durch Menschen, die progressiv denken und handeln. Doch damals war alles ganz anders. Meine leibliche Mutter brachte mich weit weg von den Bergen und den dort lebenden Menschen zur Welt.
In den folgenden Monaten rang sie mit sich, was sie tun sollte, wie den amtlichen Unterlagen zu entnehmen ist, um die ich mich ebenfalls erst nach ihrem Tod bemühte. Als ich zwei Monate nach meiner Geburt am 7. April 1963 getauft wurde, stand ihr Entschluss noch nicht fest, was mit uns geschehen sollte. Erst im Frühsommer entschied

Martha, dass sie mich weggeben wollte - und auch musste. Was war in diesen Monaten geschehen? Hatte sie nach Möglichkeiten gesucht, damit ich bei ihr bleiben konnte? Appellierte sie an Menschen, die sie im Stich ließen? Welche Erfahrungen und Überlegungen führten dazu, dass sie die Unschlüssigkeit überwand, den Zweifel im Keim erstickte und diese Entscheidung schließlich traf?

In der kleinen Kommode bei uns zu Hause lag ein großes Bild. Es zeigte eine sorgfältig frisierte und gekleidete Frau, die manierlich auf einem Stuhl sitzt und einen prachtvoll angezogenen Säugling in den Armen hält. Sie blickt das Kind an, wie eine Mutter ihr Baby anblickt. Niemals würde man denken, dass diese Innigkeit zwei Monate später für immer aufgelöst werden sollte, und ich glaube, auch Martha dachte damals, dass es für uns einen gemeinsamen Weg geben könnte. Am unteren Bildrand befindet sich ein Prägestempel mit dem Namen des Fotostudios, das sie zusammen mit mir aufgesucht hat, um diesen Moment für die Ewigkeit festzuhalten. Erst Jahrzehnte später fiel mir ein Datum auf der Rückseite der Fotografie auf, das mit demjenigen meines Taufscheins übereinstimmt. Nun wusste ich: Dieses einzige Bild, das mich als Baby zusammen mit meiner leiblichen Mutter zeigt, wurde am Tag meiner Taufe aufgenommen.

Während meine Weggabe meine leibliche Mutter vom gesellschaftlichen Makel befreite, ein uneheliches Kind geboren zu haben, ihr allerdings ein anderes Wundmahl zufügte, – nämlich ihr Kind weggegeben zu haben, befreite meine Ankunft in der neuen Familie meine Adoptiveltern von einem anderen Makel jener Zeit: der Unmöglichkeit, eigene Kinder zu bekommen. Wenn man so will, war ich also eine doppelte Befreiung. Für meine Eltern war meine Adoption vor allem die Erfüllung eines sehnsüchtigen Wunsches. Sie stellten die Wiege bereit, kauften hübsche Baby-Kleidung und schufen anderes im Doppel an, da mein Bruder ebenfalls noch ein Kleinkind war, das Fläschchen und Schnuller benötigte. Margrith und Walter waren glücklich, als ich zu ihnen kam. Und auch ich habe großes Glück gehabt. Ich verbrachte eine gute Kindheit mit den besten Eltern der Welt. Dieser Umstand erwies sich bei der späteren Aufarbeitung meiner Geschichte als unschätzbarer Vorteil und war eine Voraussetzung, damit die Annäherung an Martha in späteren Jahren ohne Bitterkeit stattfinden konnte und gleichzeitig die Beziehung zu meinen Eltern intakt blieb.

Mein Vater arbeitete als Dreher, er war fleißig und zuverlässig. Seine Frau war, wie damals üblich, für den Haushalt zuständig. Vor allem aber war sie eine liebevolle Mutter. In dieser Aufgabe ging sie auf, wäre sie ihr doch beinahe verwehrt geblieben. Heute bin ich der Überzeugung, dass Menschen die ein Kind annehmen wollen und vorher durch unzählige Instanzen geprüft und durchleuchtet werden, nachdem sie diesen Wunsch jahrelang mit sich herumgetragen haben, bis er sich erfüllt, oft über ideale Voraussetzungen verfügen, um ihren angenommenen Söhnen und Töchtern beste Voraussetzungen zu bieten. Die lang gehegte Sehnsucht nach Kindern, die Erfüllung dieses Bedürfnisses führte bei meiner Mutter dazu, dass sie uns nicht als selbstverständlich betrachtete und alles daran setzte, dass es uns gut ging. Das habe ich immer so empfunden.

Sie ging in dieser Rolle auf, war zufrieden und schuf das Fundament für eine Beziehung, die durch nichts erschüttert werden konnte, wie ich heute weiß. Wir verstanden uns ohne Anstrengung gut, ein Zufall, eine glückliche Fügung des Schicksals - und auch äußerlich war ich ihr ähnlich. Wenn fremde Leute später zu uns sagten „Man sieht, dass ihr Mutter und Tochter seid" haben wir uns gefreut und gleichzeitig lächelten wir uns wie Verbündete an. Im Wissen, dass uns ein Geheimnis verbindet, das man vor Außenstehenden nicht an die große Glocke hängt.

Mutter wartete mittags mit dem Essen auf uns, half uns bei den Hausaufgaben, unterstützte meinen Bruder und mich in unseren Wünschen und Bedürfnissen, zeigte uns allerdings auch klare Grenzen auf, die wir einzuhalten hatten. Mein Vater war der Ernährer der Familie und handwerklich sehr geschickt. Als er ein Einfamilienhaus in Würenlos kaufte, betonierte und zimmerte er in der Freizeit vieles selbst und wir durften zusehen, wie ein neuer Gartenweg entstand, eine Mauer, ein Dach. Er spielte mit uns, nahm uns zum Fischen mit. Auch ohne große Worte wussten mein Bruder und ich: Wir werden geliebt.

Den Bezug zur Natur und den Tieren, so glaubte ich lange Zeit, wurde mir durch meine Eltern vermittelt, denn sie wanderten gern. Wie liefen und liefen, durch die ganze Schweiz. Ausgerüstet mit Proviant und neuen Wanderschuhen, eroberten wir den Tessin und andere entfernt liegende Kantone. Einmal verbrachten wir die Ferien in Maienfeld, einer Schweizer Gemeinde mit Stadtrecht in der Bündner Herrschaft. Die dortige Landschaft, die Natur erschien mir fast wie ein Zuhause. Ich wusste nicht, dass meine Cousine in der Nähe lebt und mein Heimatort nur zwanzig Autominuten weit entfernt liegt. Und zweimal durfte ich in den Ferien ein Schwimmlager besuchen. Ausgerechnet in St. Moritz! Die Fahrt durch die Berge ist mir in Erinnerung geblieben, die spröde Natur, die pittoresken Dörfer und St. Moritz, das mir bereits damals groß und beinahe städtisch erschien.

Während ich im Hallenbad täglich meine Bahnen schwamm und am Ende des einwöchigen Kurses das goldene Schwimmabzeichen erwarb, lebte meine leibliche Mutter, wie ich heute weiß, nur wenige Hundert Meter entfernt in einem schön eingerichteten Appartement, das sie penibel in Schuss hielt. Punkt 12.00 Uhr stand das Mittagessen für ihren nach Hause zurückkehrenden Ehemann auf dem Tisch, der die Mahlzeiten stets in Anzug und Krawatte zu sich nahm. Am Nachmittag unternahm sie, die im Ort als kinderlose Gattin eines erfolgreichen Anwaltes galt, vielleicht einen Spaziergang durch die Stadt, kaufte sich ein neues Kleid, ging zum Friseur, trank einen Aperitif. Es wäre gut möglich gewesen, dass sich unsere Wege auf der Straße gekreuzt hätten, dass wir achtlos aneinander vorbeigegangen wären, ohne uns zu erkennen.

Denke ich an meine Kindheit zurück, erinnere ich mich an friedliche und geborgene Jahre. Es gibt Fotos, die zeigen, wie ich meine Mutter anstrahle, an ihrer Hand über einen

Feldweg laufe, auf anderen Aufnahmen hält Vater mich und meinen Bruder fest umschlungen. Diese Bilder atmen das familiäre Glück, sie zeigen, wie umsorgt und sicher wir aufwuchsen. Als kleines Mädchen trug ich gebügelte Kleidchen, und auf dem Kindergartenfoto halte ich eine Puppe im Arm. Sie sieht wie hingesetzt aus, sie schien mich nicht zu interessieren.

Die Kleidchen wichen bald Latzhosen und anderen, praktischeren Kleidungsstücken, da ich mich zu einem Wildfang entwickelte, der Beschäftigungen liebte, die man eher den Jungen zuordnet. Ich kletterte auf jeden Baum, interessierte mich für Reparaturen am Fahrrad mehr als für die Puppenstube und war eine begeisterte Sportlerin. Die Eltern ließen mir einen relativ großen Freiraum, akzeptierten ohne Klagen, dass ich von der Blockflöte und der Trompete bald nichts mehr wissen wollte und mich stattdessen fortan intensiv dem Fußballspielen widmete. Als Kind fühlte ich mich respektiert und akzeptiert und die Eltern agierten offen, tolerant, pragmatisch. In vielerlei Hinsicht.

Bereits im Kindergartenalter hat mich Mutter auf ihren Schoß gehoben und mir erklärt, dass ich im Bauch einer anderen Frau herangewachsen bin. Als Fünfjährige verstand ich nicht, was das bedeutet. Doch diese frühe Information blieb auch in den folgenden Jahren ein Thema, das ungezwungen angesprochen wurde und so zu einem integrierten und normalen Bestandteil meiner Geschichte wurde. Die Nachricht hatte vorerst keinen Effekt auf mich und ich erinnere mich auch an keine Bemerkungen von Verwandten, Kameradinnen oder Dorfbewohnern, die mich später mit diesem Thema konfrontiert hätten.

Als ich etwas älter wurde, realisierte ich, dass ich über zwei Heimatorte verfüge: Niederrohrdorf und Rhäzüns, das Dorf, in dem die Frau aufgewachsen ist, die mich geboren hat, wie mich Mutter wissen ließ. Ich war eher stolz als betrübt. Ich war etwas Besonderes, denn die anderen Kinder hatten nur einen Heimatort. Einmal, ich war noch klein, wollte ich einen Stammbaum malen. Mutter half mir, damit kein Familienmitglied vergessen wurde. Die Großeltern, ihre Geschwister, die Brüder und Schwestern des Vaters. Es war ein Schlüsselmoment - ich wusste bereits, dass diese Menschen nicht meine biologischen Verwandten sind. Doch offenbar war es mir ein Bedürfnis, dieses Gefüge komplett darzustellen.

Die Zufriedenheit meiner Eltern prägte mein weiteres Leben. Ich war mehr als nur ein Wunschkind, nämlich ein Super-Wunschkind. Meine Fragen nach der „anderen Frau", die mit zunehmendem Alter dringlicher wurden, beantwortete Mutter, indem sie auf ihre vermutlich schwierige Lebenssituation aufmerksam machte. Sie erklärte mir, es hätte bestimmt verständliche Gründe gegeben für ihre Entscheidung, denn wer würde schon freiwillig auf einen solchen Goldschatz wie mich verzichten? Da es sich um eine damals übliche geschlossene Adoption handelte, wussten sie wenig bis gar nichts über meine leibliche Mutter.

Aus dem Jahrzehnte später von mir beschafften Beistands-bericht erfuhr ich, dass Martha bereits vor der Geburt die Absicht äußerte, mich zur Adoption freizugeben. Bisher war ich davon ausgegangen, dass ihre Familie starken Druck ausgeübt hatte, mich wegzugeben. Nun vernahm ich jedoch, dass sie die Adoption unter dem Einfluss ihrer Familie noch einmal überdachte, sich Monate später aber doch zu diesem Schritt entschloss. Meine Eltern mussten somit lange auf mich warten und konnten sich nicht sicher sein, ob sie mich wirklich bekommen würden. Es muss eine schwierige Zeit gewesen sein, doch auch dazu äußerten sie nie auch nur ein Wort des Unmutes.

Nachdem ich im Alter von vier Monaten zu meinen Eltern gelangte, wurde die bisherige Beistandschaft in eine Vor-mundschaft umgewandelt. Ab diesem Zeitpunkt stand mir eine Beiständin zur Seite, die der Vormundschaftsbehörde regelmäßig über mein Aufwachsen bei den neuen Eltern berichtete. Aus diesen Berichten, um die ich mich ebenfalls erst nach dem Tod von Martha bemühte, erfuhr ich, welche Freuden und kleinere Sorgen die ersten sieben Jahre bei meinen Pflegeeltern prägten, bevor mich diese offiziell adoptieren durften. Diese Berichte taten, als ich sie viel spä-ter las, meiner Seele gut, denn sie ließen mich überwiegend in allerbestem Licht erstrahlen.
1963-1965

*„Bernadette ist ein entzückendes Kind: hübsch, zierlich, mit aus-drucksvollem Gesichtlein; dazu lebhaft, aktiv, selbstständig, in-telligent. Alles, was sie tut, geschieht intensiv, ebenso wie ihre Gefühlsäusserungen. Sie muss sehr konsequent erzogen werden, weil sie unheimlich rasch Nachgiebigkeit oder Inkonsequenz*

*spürt und ausnützt. Sie ist in der ganzen Entwicklung ihrem Alter voraus. Sie besitzt eine robuste Gesundheit. Zeitweise strapaziert sie die zukünftige Adoptivmutter erheblich, der sie mehr Probleme aufgibt als ihr "Bruder". Die zukünftigen Adoptiveltern verstehen es aber recht gut, den oft gegensätzlichen Erziehungsanforderungen der beiden Kinder zu genügen und sind dankbar für Erziehungsgespräche mit dem Vormund."*

1965-1967

*"Bernadette geniesst das Landleben sehr, ist Tierliebhaberin, geniesst die grosse Bewegungsfreiheit und das Spielen mit anderen Kindern, wobei das kecke, selbstständige und geschickte Persönchen immer eine führende Rolle übernimmt. Alles, was sie tut, geschieht intensiv, das Spielen sowie der Mutter helfen. Der Vorsprung in ihrer geistigen Entwicklung besteht weiter. Gegenwärtig macht sie eine Phase durch, in der sie lieber ein Bub sein möchte und wo sie heftig für den Vater schwärmt. Sie ist extravertiert, kontaktbereit und steht sehr sicher in ihrer kleinen Welt. Gesundheit und Erziehung bereiten keine Probleme."*

1967-1969

*"Bernadette strahlt Sicherheit und Fröhlichkeit aus, hat viele Ideen, ist die Anführerin selbst dann, wenn grössere Kinder dabei sind. Sie ist geschickt mit ihren Händen, geistig beweglich, kann sich durchsetzen, ist andererseits aber auch sehr sensibel und kann sehr weinen, wenn in der Wirklichkeit oder in einer Geschichte jemand böse mit einem Kind oder einem Tier ist. Sie stellt wegen ihrem Ideenreichtum und weil immer etwas läuft, wo sie ist, erzieherisch einige Anforderungen an die Eltern, die ihr aber gewachsen sind und ihr einen weiten Rahmen für ihre*

*Aktivitäten geben, seit sie ihr Einfamilienhaus mit Garten und Bastelraum bewohnen."*

Erst sieben Jahre, nachdem ich Aufnahme bei meinen Eltern gefunden hatte, erteilte die zuständige Justizdirektion die notwendige Ermächtigung, worauf die Beurkundung meiner Adoption stattfinden konnte und die Vormundschaft aufgehoben wurde. Dass dieses Prozedere so lange gedauert hat, stand mit dem jugendlichen Alter meiner Mutter in Verbindung. Mein Vater, der das vorgeschriebene 40. Altersjahr bereits erreicht hatte, durfte die Adoption beantragen. Damit diese rechtskräftig ausgesprochen werden konnte, mussten die Eltern aber so lange warten, bis meine Mutter die Altersvorgabe ebenfalls erfüllte.

## Junge Jahre

Kürzlich besuchte ich meine Mutter und fand auf dem Dachboden eine Kiste mit alten Schulheften und Dutzenden von Aufsätzen, die ich in der zweiten, dritten und sechsten Klasse geschrieben habe. Sie erzählen von vielen familiären Aktivitäten: Fischen, Gartenarbeit, Basteln, Ausflüge, Sportlager, Kinderball, Weihnachten, Geburtstage, autofreie Sonntage, Schneeballschlachten, der erste Sprung vom Dreimeterbrett im Schwimmbad. Meine Eltern standen oft im Zentrum des Geschehens. Als 10-Jährige beschrieb ich in einem kurzen Text den Alltag und das Aussehen meines Vaters oder
wie Mutter eine Speise zubereitete, und heute erinnere ich mich wieder daran, wie oft ich sie ruhig beobachtete und bei ihr sein wollte, in ihrer Nähe.

*„Mein Vater muss morgens um sechs Uhr in Örlikon sein und um 5 Uhr abends kommt er nach Hause. Dann liest er die Zeitung. Wenn er die Zeitung gelesen hat, liegt er ab, weil man müde wird vom Schaffen. Mein Vater hat vorne fast keine Haare. Er ist auch nicht so gross, aber dafür hat er einen dicken Bauch. Er hat eine grosse Nase und normale Ohren."*

*„Einmal an einem warmen Nachmittag kochte meine Mutter ein Birchermus, darin gibt es viele feine Früchte. Zum Beispiel: Bananen, zwei bis drei rotbackige Äpfel, einzelne Kirschen und zwei Fruchtjoghurt und Sultaninen. Wenn sie alles auf dem Tisch bereit hat, fängt sie an die Äpfel zu schälen, danach wäscht sie die Äpfel und raffelt sie in die Schüssel. Dann kommen die Bananen an die Reihe. Als sie fertig ist, schüttet sie den Joghurt in eine*

*Schüssel. Die Kirschen schneidet sie in vier Teile. Jetzt beginnt meine Mutter alles zu rühren. Manchmal helfe ich ihr dabei!"*

Als ich etwas älter wurde, verfasste ich Texte zu meinen Hobbys, dem Briefmarken sammeln, dem geometrischen Zeichnen. Einmal wollte ich Tierpflegerin werden, dann Lehrerin. Mit zunehmendem Alter schilderte ich in den Absätzen auch ungerechte Vorkommnisse in der Schule oder mit Kameraden und äußerte meine Meinung zu Tieren und wie diese gehalten werden sollten. Mein eigenes Verhalten hinterfragte ich bereits als noch junges Kind, was mir heute zeigt, dass meine Eltern uns moralische Werte vermittelten, die auf fruchtbaren Boden fielen. Vergehen wie der Diebstahl von Bonbons, freche Bemerkungen einer Freundin gegenüber oder ein Streich, den ich der Mutter nicht beichtete, schienen Gewissensbisse auszulösen und ich versuchte, das Fehlverhalten meist im Nachhinein zu korrigieren. Das schriftlich Festgehaltene ermöglicht mir heute, fast fünfzig Jahre später, Rückblicke auf meinen damaligen Alltag, der geordnet, sorglos und reich an Erlebnissen verlief.

Ich wurde älter und entwickelte mich zu einer absoluten Sportskanone. Im Winter fuhr ich Ski, im Sommer spielte ich Fußball. Ich war eine gute Schülerin, galt aber als Minimalistin, und als es um die Zukunft ging, entschied ich mich für einen kunsthandwerklichen Beruf. Ich absolvierte eine vierjährige Lehre als Stahl-Graveurin und besuchte berufsbegleitend die Kunstgewerbeschule. Aufgrund mancher Umstände geriet ich als junge Erwachsene in eine Art Identitätskrise, haderte mit meiner Weiblichkeit, wusste nicht, wo ich stehe und wohin die Reise führen würde.

Träume und Ziele hatte ich nicht, die Vorstellung, irgendwann ein bürgerliches Leben zu führen, war mir fremd und Kinder kamen in meiner Zukunftsplanung auch nicht zwingend vor. Ein Aufsatz, den ich in der Lehre schrieb und der meine Erwartungen an die Zukunft thematisieren sollte, verriet Sorge um unseren Planeten und um die Gesellschaft. In einzelne Menschen setzte ich meine Erwartungen. Weniger Machtwille, mehr Verantwortungsbewusstsein, weniger Gleichgültigkeit wünschte ich mir. Davon, was mich im stillen Kämmerlein ebenfalls umtrieb, schrieb ich als Teenager nichts. Ich schwebte im luftleeren Raum, unsicher, was mich selbst betraf, und das Bedürfnis nach einer anderen Sicherheit wuchs. Überlegungen zu meinen Ursprüngen beschäftigten mich jetzt stärker. Wie wäre ich unter der Obhut meiner leiblichen Mutter aufgewachsen? Was wäre aus mir geworden?

Mit meiner Mutter wollte ich nicht alle Verwirrungen meiner Jugendzeit besprechen. Heute weiß ich, dass ich meine Schüchternheit und meine Introvertiertheit ebenso wie das in jungen Jahren ausgeprägte Unvermögen, über Dinge zu sprechen, die mich beschäftigten, von Martha geerbt habe. Doch meine kluge Mutter konnte auch ohne Worte nachvollziehen, was ich durchmachte.

Anpackend und pragmatisch, wie sie war, fragte sie mich eines Tages sehr direkt, ob es mir ein Bedürfnis sei zu wissen, wo ich herkomme. Ich war unschlüssig, wusste nicht, ob allfällige Aktivitäten negative Konsequenzen für meine Eltern und diese Frau haben würden. Ich wollte keinen Unfrieden stiften oder bisher ruhig verlaufende Existenzen gefährden. Ich war schon immer rücksichtsvoll und verantwortungsbewusst, zwei Eigenschaften, die mich daran hinderten, ungestüm und unüberlegt zu handeln, mich allerdings auch bremsten, wie ich später feststellen sollte.

In jungen Jahren wusste ich bereits, dass ich keinen Schaden anrichten wollte. Gleichzeitig war mir auch klar, dass meine leibliche Mutter aufgrund der damals üblichen Volladoption keinerlei Möglichkeiten hatte, um mich zu suchen. Vielleicht hatte sie mich in all den Jahren vermisst, wünschte sich diesen Kontakt und wartete darauf, dass ich mich irgendwann melden würde. Ich schob Schritte, die hierfür notwendig gewesen wären, auf die lange Bank, beschäftigte mich mit der Gegenwart, zu der auch mein Bruder gehörte, der uns weiterhin große Sorgen bereitete. Er weigerte sich, über seine Adoption zu sprechen, verdrängte alles und schaffte es nicht, in seiner Existenz Tritt zu fassen. Ein Umstand, an dem sich auch in den folgenden Jahrzehnten nichts ändern sollte. Bereits damals fragte ich mich, ob die Aufarbeitung einer Adoptionsgeschichte nicht dazu beitragen kann, dass man gut und sicher durch das weitere Leben geht. Weil man den Mut gefunden hat, den Fragen auf den Grund zu gehen, die einen umtreiben, und Bereitschaft zeigt, auch jene Antworten zu erdulden, die man vielleicht fürchtet.

In der Pubertät registrierte ich gewisse Spannungen zwischen meinen Eltern. Meine Mutter war im Dorf sehr gut integriert, war gesellig, allseits beliebt und geachtet. Mein Vater arbeitete viel, war weniger extrovertiert, und wenn er Kontakt suchte, tat er dies im Rahmen von Vereinen und dort bei den häufig stattfindenden Festen. Als Handorgelspieler stand er im Mittelpunkt und trank auch gerne ein Glas über den bloßen Durst hinaus. Dies hatte zur Folge, dass er sich als angeheiterter Alleinunterhalter profilierte, was meiner Mutter missfiel. Vor allem weil er unter dem Einfluss von Alkohol auch laut werden konnte. Mein Bruder, der nur ein Jahr älter ist als ich, sorgte in diesen Jahren, wie erwähnt, für Probleme. Im Nachhinein hat sich herausgestellt, dass er seit seiner Geburt unter einer hirnorganischen Störung leidet, die sich in der Pubertät zu manifestieren begann.

Kleine Diebstähle, ein unsteter Lebenswandel und seine Gabe, die Eltern gegeneinander auszuspielen, führten zu heftigen familiären Streitigkeiten. Ich solidarisierte mich mit meiner Mutter, sie blieb auch in meinen Jugendjahren die wichtigste Bezugsperson für mich. Wenn sie litt, verübelte ich es vor allem meinem Vater, der mit seinen lautstarken Ausbrüchen dazu beitrug. Ich nahm die Unterschiede zwischen ihm und mir nun wie durch ein Vergrößerungsglas wahr, glaubte, in seinem Verhalten Skepsis und Kritik mir gegenüber zu erkennen, und reagierte selbst abweisend. Politisch und weltanschaulich pflegte er zudem Vorstellungen, die mir überhaupt nicht entsprachen, und Diskussionen erwiesen sich als unmöglich.

An meinem Leben, das sich hauptsächlich um den Fußball drehte, nahm er nicht teil. In der Zwischenzeit war ich Mitglied in einer Mannschaft der obersten Liga, trainierte dreimal pro Woche und verbrachte die Wochenenden bei Auswärtsspielen. Ein einziges Mal besuchte er ein Match und kritisierte mich bei meiner Rückkehr nach Hause heftig für mein Spiel. Die Fremdheit zwischen ihm und mir wurde in diesen Jahren größer, so wie bei anderen Kindern im Teenageralter wohl auch, doch nun dachte ich hin und wieder: Es liegt vielleicht daran, dass uns keine Blutsbande verbinden. Allerdings widerstand ich dem Reflex, mich ganz von ihm zu entfernen, passte mich seinen Ansprüchen, die sich an einem traditionellen Frauenbild orientierten, aber auch nicht übermäßig an.

Heute sehe ich dieses Verhalten auch als Verdienst der Eltern an. Ihre Liebe, die gute Kindheit hatten dafür gesorgt, dass mein Selbstwertgefühl intakt war. Probleme, die sich im späteren Leben ergaben, brachte ich nicht mit meiner Adoption in Verbindung, oder wenn dies in seltenen Fällen vorkam, versuchte ich, den Gründen auf die Spur zu kommen. Ohne Anklagen. Ohne Anschuldigungen. Ich übernahm Verantwortung für mein eigenes Verhalten, trug dazu bei, dass sich die Dinge zum Guten verbesserten, und lernte, anderes zu akzeptieren. Bereits in jungen Jahren agierte ich selbstständig, nahm die Probleme mit Vater in Kauf und entwickelte mich weiter.

## Brüche und Risse

Nach dem Lehrabschluss zog ich von zu Hause aus, blieb weiterhin sehr sportlich, genoss das Leben, reiste und arbeitete viel und war glücklich liiert. Nachdem diese Beziehung in die Brüche ging, was mir sehr schwer zusetzte, dachte ich über die Verbundenheit zwischen Menschen nach und stellte fest, dass ich sehr viel Zeit benötige, bis ich jemandem vertrauen kann. Ist dies der Fall, bin ich bereit, sehr viel und eigentlich alles zu geben. Zerbrach eine Freundschaft, benötigte ich jeweils Monate, um über die Trennung hinwegzukommen. Als würde ein Riss durch mich hindurchgehen, als würde etwas Existenzielles geschehen litt ich übermäßig. Hatte dies mit der Trennung von meiner leiblichen Mutter zu tun? Sie hatte mich geboren, und anders als es bei den meisten Adoptionen der Fall ist, bei denen das Kind sofort entfernt wird, damit die natürliche Mutter-Kind-Bindung nicht zustande kommen kann, hatte ich in ihren Armen gelegen, ihre Stimme gehört, ihren Duft eingeatmet und vielleicht auch ihre Liebe und ihre Verzweiflung gespürt.

Über mehrere Monate hinweg hatten wir, zumindest durch unsichtbare Fäden verbunden, miteinander in Kontakt gestanden. Die eigentliche Trennung stellte ich mir nun brutal und als gewaltsame Unterbrechung einer symbiotischen Beziehung vor. Dieser Bruch stand im Gegensatz zu meiner Kindheit und Jugend. Wunderbare, unbeschwerte Jahre, die durch Liebe, Verbindlichkeit und Fürsorge geprägt waren. Jahre, Monate, Wochen, Tage und Stunden, in denen ich nicht an meine Mutter dachte, weil sie keine Erinnerung für mich war und ich keine mögliche Schuld zu bewältigen hatte. Doch der Riss hatte stattgefunden, blieb in meinem Unterbewusstsein offenbar verankert.

Irgendwann händigte mir Mutter meinen Taufschein aus und jene Informationen, die die Angestellten des Monikaheims handschriftlich notiert hatten: Die Geburt hatte spontan stattgefunden, mein Gewicht betrug 2950 Gramm. Ein gesundes Neugeborenes. Gefüttert wurde ich mit Milchwasser und Reismehl und bei meiner „Entlassung" nahm ich bereits Fruchtsaft und passiertes Gemüse zu mir. Später erfuhr ich, dass Martha in den ersten vier Monaten meines Lebens die entstehenden Kosten im Heim bezahlt hatte. Ob sie mich in dieser Zeit besuchte, sich um mich kümmerte? Zumindest in Gedanken muss sie bei mir gewesen sein, da in dieser Zeit über meine und ihre Zukunft entschieden wurde. Nun fragte ich mich auch: Wie hat meine leibliche Mutter die Trennung verkraftet und die folgenden Jahre mit der Erinnerung an ein Kind verbracht, zu dem sie keinerlei Kontakt mehr haben durfte?

Während ich nachdachte und grübelte, schritt meine Mutter zur Tat, und eines Tages - ich war inzwischen 23 Jahre alt - legte sie mir einen Zettel auf den Tisch. Sie hatte eine Zahlenreihe notiert und ließ mich wissen: „Das ist die Telefonnummer deiner leiblichen Mutter. Du kannst sie anrufen, wenn du möchtest." Zuerst saß ich nur weinend auf meinem Stuhl. Meine Mutter versuchte, mich zu trösten, und ich erfuhr, wie sie das Unmögliche geschafft hatte. Sie kannte den Nachnamen meiner Mutter, doch von diesem Geschlecht gab es in dem kleinen Dorf Dutzende. Also hatte sie sich mit der Gemeinde in Verbindung gesetzt und erfahren, was der Beamte eigentlich hätte verschweigen müssen: den Namen meiner Großmutter. Kurz entschlossen und wie immer mutig, wenn sie sich etwas vorgenommen hatte, und ohne mich über ihr Vorhaben zu informieren, von dem sie nicht wusste, ob es erfolgreich sein oder scheitern würde, hatte Mutter den nächsten Zug bestiegen und war nach Rhäzüns gefahren.

Im Dorf angekommen, suchte sie unverzüglich die genannte Adresse auf, klingelte an der Türe und Sekunden später stand ihr meine leibliche Großmutter gegenüber. Für jede andere Person hätte es sich bei dieser Situation um eine heikle Angelegenheit gehandelt, vor allem, da meine Mutter damals nicht mit Sicherheit wusste, ob diese Frau im Bilde war, dass es eine zusätzliche Enkelin gab. Doch Mutter, gesellig, strahlend und positiv wie immer, kam mit meiner Großmutter innerhalb von Minuten ins Gespräch und wickelte sie um den Finger. Aufgrund ihrer Reaktionen schlußfolgerte Mutter, dass meine Großmutter von meiner Existenz gewusst haben muss. Kurz und gut, sie habe sich über die Kontaktaufnahme gefreut, sagte mir meine Mutter, und habe ihr umgehend Adresse und Telefonnummer ihrer Tochter genannt. Sowie deren Namen: Martha!

Ich betrachtete die Telefonnummer fasziniert. Nun war der Kontakt in greifbarer Nähe, ich brauchte nur zum Telefonhörer zu greifen. Ich blickte meine Mutter an und fragte: „Und wenn sie nicht will?" Sie antwortete: „Wenn du es nicht versuchst, wirst du es auch nicht erfahren." Nun getraute ich mich zu fragen, was mich schon länger beschäftigte. Ob sie sich davor fürchte, dass ein möglicher Kontakt zu meiner leiblichen Mutter unsere Beziehung verändern könnte. Sie antwortete, das könne sie selbst nicht beeinflussen, vertraue uns beiden aber uneingeschränkt. Mutter agierte in allen Phasen meines Lebens großzügig, selbstbewusst und unterstützend. Wir waren uns unserer gegenseitigen Liebe und Verbundenheit sicher, und auch als ich den Kontakt zu Martha tatsächlich suchte, geriet ich nie in einen Loyalitätskonflikt.

Es dauerte über ein Jahr, bis ich mich durchringen konnte. Ich spielte verschiedene Situationen durch, wie ihre Reaktion aussehen könnte. Ablehnung. Freude. Zurückhaltung. Aus der Adoptionsforschung ist bekannt, dass die abwesenden Mütter eine Projektionsfläche bieten. Sie werden idealisiert oder verteufelt. In meinem Fall war die Not zu gering, als dass ich mir eine neue, bessere Mutter hätte erträumen müssen. Doch bereits in meinen Teenagerjahren hatte ich mir vorgestellt, wie sie aussehen mochte. Wie ich, mit sehr blauen Augen und einer drahtigen Figur? Liebte sie Tiere wie ich? War sie sportlich wie ich? Konnte sie auch so gut zeichnen? Auch die Frage, welches Leben wir zusammen gehabt hätten, trieb mich weiter um.

Und natürlich beschäftigte mich in all den Jahren die Frage, aus welchen Gründen sie mich weggegeben hatte. Die neue Information meiner Mutter, Martha lebe in St. Moritz, diesem noblen Ort im Engadin, ließ mich jetzt ebenfalls zögern. Hatten sich ihre Träume ohne mich verwirklichen lassen? War ich eine Erinnerung an eine Vergangenheit, die sie vielleicht am liebsten vergessen wollte? Ich starrte die Telefonnummer an, drehte und wendete den Zettel in meiner Hand. Hundertmal. Die Telefonnummer verfolgte mich, stand in den folgenden Monaten überall im Vordergrund. Die Ungewissheit belastete mich und die greifbare Beendigung der Ungewissheit belastetet mich fast noch stärker. Vor allem die Angst, dass sie den Kontakt ablehnen, sich eine Türe für immer verschließen könnte, ließ mich zögern. Wie würde ich mit einer solchen Zurückweisung umgehen? Ohne Anruf konnte ich mich bis in alle Ewigkeit mit der Vorstellung trösten, dass sie den Kontakt unbedingt wollte und sogar herbeisehnte. Voraussetzt, ich hätte angerufen.

Ich blieb unsicher, die Vorstellung, das Thema ad acta zu legen, war jedoch eigenartig, passte nicht zu mir und eines Tages griff ich in einem Anfall von Spontaneität einfach zum Telefonhörer. Ich wählte die Nummer. Es klingelte. Abermals wurde mir bewusst, dass sie vielleicht auf diesen Anruf gewartet hatte und andererseits vielleicht inständig hoffte, dass dieser nie erfolgen würde. Eine angenehme Frauenstimme meldete sich. Ich stellte mich vor und erinnere mich nicht an ihre Reaktion. Mir hatte es die Sprache verschlagen, ich war, wie üblich in anstrengenden Situationen, nicht sehr gesprächig. Das Vermögen, leicht und unbeschwert zu plaudern, gehört nicht zu meinen Stärken. Der Frau am anderen Ende der Leitung schien es ähnlich zu ergehen. Sie sprach den weichen Bündner Dialekt. Ich erzählte von meiner beruflichen Tätigkeit. Stahl-Graveurin, schöne Schilder herstellen, eigene Wohnung, sportlich und tierlieb und erfuhr: Sie ist mit einem Anwalt verheiratet.

„Was willst du wissen?", fragte mich Marta mehrere Male. Mir blieben die Worte im Hals stecken. Zudem konnte ich all meine Überlegungen nicht in drei Fragen formulieren. Wir einigten uns darauf, einander in Zukunft Briefe zu schreiben. Ich legte den Hörer auf und dachte: Das war jetzt also meine Mutter.

Ich empfand sie als fremde Person und ihr erging es bestimmt nicht anders. Sie war damals 47 Jahre alt, zehn Jahre jünger, als ich es heute bin, und hatte dreiundzwanzig Jahre ohne mich verbracht. Es ging auch ohne mich. Es ging auch ohne sie. Wir akzeptierten auch später die Fremdheit zwischen uns, diese halbe Ewigkeit, in der wir ohne einander gewesen waren, lachten, unglücklich waren, aßen, duschten, zu Bett gingen, am Morgen aufstanden Tausende Male, Erfahrungen sammelten, gute wie schlechte, Träume zerplatzen sahen, während andere wahr wurden, Weihnachten und Geburtstage ins Land zogen, die Welt sich veränderte und die Gesellschaft, die Menschen, die uns begleiteten. Ohne den anderen, ohne einander war uns ein gutes Leben gelungen. In den folgenden Jahren versuchten wir nicht, die vergangene Zeit zurückzuholen, versuchten nicht, Einigkeit und Zugehörigkeit zu kreieren oder vorzutäuschen. Darin lag vielleicht eine Stärke, vielleicht auch nur Fatalismus. Vom ersten Gespräch an wussten wir, dass ein langer Weg vor uns lag, und wir wussten nicht, wohin dieser führte. Heute, nach so vielen Jahren, in denen ich mit Martha in Kontakt stand, ihr Schweigen kenne, ihr Verdrängen, weiß ich, dass ihre Bereitschaft, sich auf mich einzulassen, auch eine mutige Entscheidung war.

In den folgenden zwölf Monaten kommunizierten wir schriftlich miteinander. Ich war erst 23 Jahre alt. Ich war unerfahren. Meine ersten Zeilen waren nicht freundlich, ich wollte wissen, warum sie mich weggegeben hatte, und ließ sie wissen, dass ich es nie verstehen würde, warum eine Mutter ihr Kind hergibt. Sie blieb mir die Antwort schuldig. Ihre Schrift, gleichmäßig aneinandergereihte und in sich verschlungene Wörter, mit Kugelschreiber geschrieben, eröffneten mir nur einen Teil ihrer Welt. Ich erfuhr, was sie mit Dölf, ihrem Ehemann, unternommen hatte. Eine Reise dahin und dorthin. Die Gegenwart. Dabei interessierte mich die Vergangenheit.

Im Verlauf der Zeit erfuhr sie einiges über mein Leben, meine Kindheit und die Jugend. Sie äußerte große Erleichterung darüber, dass es mir gut ergangen war, und auch sonst erahnte ich manchmal zwischen den Zeilen, welche Gefühle sie bewegten. Charakterlich wiesen wir Ähnlichkeiten auf. Sie war verschlossen, ich war verschlossen. Doch während ich mich im weiteren Verlauf meines Lebens aufgrund gezielter Erfahrungen öffnen konnte, blieb Martha, so entsprach es zumindest meinem Eindruck, auch in den späteren Jahren unserer Bekanntschaft in einer inneren Isolation gefangen, die vermutlich durch das große Geheimnis ihres Lebens verstärkt worden war.

Irgendwann verbrannte ich alle Briefe, auch solche, die nicht von ihr stammten. Mich plagte plötzlich die Idee, dass, sollte mir etwas passieren, all das Geschriebene von Menschen gelesen werden könnte, die vielleicht schockiert oder verletzt wären. Ich warf auch Marthas Karten mit den

Bildern und Fotografien von Blumen und Tieren auf der Vorderseite in das lodernde Feuer und spürte Erleichterung. Seither sind dreißig Jahre vergangen und heute versuche ich, mich an die geschriebenen Worte zu erinnern, doch zu meinem großen Leidwesen fallen sie mir nur noch bruchstückhaft ein.

Während Martha und ich einander nur unmerklich näherkamen, blühte sie im Kontakt mit meiner unkomplizierten Mutter regelrecht auf. Die beiden Frauen telefonierten nun regelmäßig. Stundenlang. Manchmal, wenn ich die Eltern besuchte, saß Mutter auf der Treppenstufe, lachte, redete und der Mensch am anderen Ende der Leitung schien plötzlich auch mitteilsam zu sein. Es war offensichtlich: Hier entstand eine Freundschaft, und ich bewundere meine Mutter bis zum heutigen Tag, dass ihr dies so furchtlos und selbstsicher gelang. Diese zusätzliche Verbindung vermittelte mir Sicherheit, ich war nicht allein, Mutter begleitete mich, unterstützte mich, stand an meiner Seite.

Obwohl meine Anfänge mit Martha harzig blieben und das Ungesagte eine unsichtbare Wand zwischen uns bildete, war es mir nie ein Bedürfnis, den Kontakt wieder abzubrechen. Ebenfalls aus der Adoptionsforschung ist bekannt, dass eine Mehrheit von Betroffenen, die in späteren Jahren ihre Mütter suchen und finden, ziemlich bald wieder getrennte Wege gehen, auch weil die erträumten Menschen in der Realität ganz anders sind als erhofft. In der Bereitschaft von Marta, mich jetzt in ihrem Leben zuzulassen, erkannte ich die Möglichkeit, sie besser kennenlernen und verstehen zu können. Damit ich jenen Fragen nachgehen konnte, deren Beantwortung offensichtlich Zeit benötigte.

Erste Begegnung

Bisher hatte ich nur ihre Stimme gehört, ich kannte ihre Schrift. Wie sie aussah, wie sie sich bewegte, wie groß sie war, wusste ich nicht. Ich hatte sie noch nie gesehen und besaß außer meinem Taufbild und einem Porträtbild aus der gleichen Serie keine einzige Fotografie von ihr.
Mutter begleitete mich nach St. Moritz zum ersten Treffen. Ich war jetzt 24 Jahre alt, genauso alt wie Martha, als sie mich zur Welt gebracht hatte. Ich wusste, sie würde uns am Bahnhof abholen, und erkannte sie sofort. Schön frisiert und gekleidet und als Dame einer gehobenen Gesellschaftsschicht erkennbar, stand sie vor mir. Eine gepflegte Erscheinung, die Wert auf das Äußere legte. Unsere Augenpartien wiesen Ähnlichkeiten auf. Sie war etwas kleiner als ich. Auf meinem Taufbild war sie im Halbprofil zu sehen. Ein zartes Gesicht mit ebenmäßigen Zügen und einer geraden Nase. Die toupierte Frisur und auch der geschwungene Lidstrich atmeten den Geist der 1960er Jahre. Die lange Zeit ohne mich hatte keine nennenswerten Spuren in diesen Gesichtszügen hinterlassen, und scheinbar auch keine Bitterkeit. Sie gab mir die Hand. Förmlich. Wir fühlten uns beide nicht sonderlich wohl.

Meine Mutter entschärfte die Situation, behandelte die andere Mutter, als wäre sie eine Freundin, und gemeinsam machten wir uns auf den Weg zu Marthas Wohnung. Das Ambiente war exklusiv, ich stellte mir vor, wie ich hier zwischen bespannten Wänden und teuren Antiquitäten hätte aufwachsen können, und kam zu keinem Schluss, was aus mir geworden wäre. Martha servierte Tee, erzählte, dass sie froh sei, nicht jeden Franken zweimal umdrehen zu müssen. Nach meiner Weggabe hatte sie in einem Restaurant in Chur gearbeitet und lernte in diesem Umfeld einen Gast kennen, ihren künftigen Mann, den sie zwei Jahre später heiratete. Sie war damals 32 Jahre alt. Viel mehr erfuhr ich nicht, obwohl unser erstes Treffen drei Stunden dauerte und mir wie eine Ewigkeit erschien.

Am späten Nachmittag unternahmen wir einen Spaziergang an den See in St. Moritz. Die kalte Luft tat gut, ich konnte mich etwas sammeln, und in der Natur lässt es sich immer besser schweigen und entspannen als in einer Wohnsituation ohne äußere Ablenkung. Ein Vogel, der vorbeifliegt, ein plötzlicher Sonnenstrahl, der das Eisfeld glitzern lässt, oder ein Windstoß, der die Frisur durcheinanderbringt. Meine Mutter lief in der Mitte unserer Dreiergruppe, sie war das verbindende Element, und so sollte es auch in den folgenden Jahren bleiben. Zu Martha spürte ich eine Verwandtschaft, anders als zu meiner Mutter, und doch blieb sie mir fremd. Auf dem Bahnhof gaben wir uns beim Abschied die Hand. Leise Enttäuschung breitete sich in mir aus, als wir im Zug saßen, der uns ins Unterland zurückbrachte.

Wir blieben in Kontakt, es folgten weitere Besuche. Martha und ich wurden so etwas wie Kolleginnen, doch die Distanz blieb bestehen. Vieles musste ich mir selbst zusammenreimen. Das Leben in dem kleinen Dorf, aus dem sie stammte, mit religiösen Menschen, die am Sonntag in die Kirche gingen und die Sexualität strikt mit einer Ehe verbanden.

Was wäre aus uns geworden, wenn sie mit mir allein in der Stadt geblieben wäre? Sie hätte als Serviertochter für unseren Lebensunterhalt sorgen müssen, ich wäre unter der Woche vermutlich in einer Pflegefamilie aufgewachsen. Uns beiden wäre eine prekäre Situation nicht gerecht geworden. Die Rettung in Form eines Ehemannes, der eine junge Mutter mit unehelichem Kind nahm, hätte zweifelsohne große Kompromisse bei Marthas Partnerwahl zur Folge gehabt, was unter Umständen auch negative Auswirkungen auf ihr weiteres Leben gehabt hätte. Bei solchen Gedanken handelt es sich um bloße Annahmen. In ihrem Fall hätte es so sein können oder auch nicht. Bei Dutzenden von Treffen schwieg sie darüber. Sie erklärte nichts, rechtfertigte ihre Entscheidung nicht, fand niemals eine Entschuldigung für ihr Handeln, äusserte auch nie Bedauern darüber, mich weggeben zu haben. Geschah dies aus Charakterstärke und aufgrund großer Ehrlichkeit sich selbst und mir gegenüber, oder weil sie fürchtete, dass die Wahrheit mich verletzen oder verärgern könnte?

Der einzige Hinweis auf ein heimliches Erinnern an ein Kind, das sie geboren hatte, blieb ihre Bemerkung, dass Weihnachten und mein Geburtsdatum stets schwierige Tage für sie gewesen seien. Den einzigen Hinweis, dass ihre Entscheidung Schuldgefühle verursacht haben musste, gaben die vielen Geschenke, mit denen sie mich anfänglich überhäufte. Bald steckte ein goldener und mit Brillanten besetzter Ring an meinem Finger. Er bedeutet mir viel, ich trage ihn jeden Tag. Verzierte Schalen aus Muranoglas, zierliche Dosen und andere wertvolle Stücke kamen dazu. Ich suchte und wollte ihre Schuld nicht und bat sie, mir keine Geschenke mehr zu machen. Es musste nichts gutgemacht werden. Mir war es gut ergangen, ich hegte ihr gegenüber keine Ressentiments mehr. Mit zunehmender Reife und Lebenserfahrung hatte sich meine Haltung ihr gegenüber verändert: Ich verurteilte sie nicht, egal welche Erklärungen es für mein Nichtwollen gegeben haben mochte. Und auch mein einziger Wunsch, dass ich die Gründe ihrer Entscheidung verstehen wollte, blieb unerfüllt. Auf meine Fragen reagierte sie abwehrend, ausweichend, distanziert. Sie fühlte sich unwohl. Das wollte ich nicht und irgendwann ließ ich sie wissen, dass die unbeantworteten Fragen nicht im Vordergrund unserer Beziehung stehen sollten, wir uns auf die positiven Aspekte der Gegenwart konzentrieren sollten. Ich akzeptierte, das vieles ein Mysterium bleiben würde, wollte Martha nicht bis in alle Ewigkeit mit Fragen martern, fand mich mit der Ungewissheit ab.

## Zwei Welten

Ab diesem Zeitpunkt entspannte sich unsere Beziehung. Ich besuchte sie nun drei- bis viermal pro Jahr in St. Moritz. Ich lernte Dölf kennen. Ein freundlicher Mann, der uns stets eine wertvolle Flasche Rotwein zum Mittagessen kredenzte. Er legte Wert auf Formen, verfügte zweifelsohne über einen erlesenen Geschmack und hatte genaue Vorstellungen, wie man sich zu verhalten hat. Ich selbst würde mich als wohlerzogen und ruhig beschreiben, bin aber ein burschikoser und sportlicher Typ. Ich weiß nicht, wann ich das letzte Mal ein Kleid oder Schuhe mit Absätzen trug und mir den Mund mit einer gebügelten Stoffserviette abtupfte. Bei uns zu Hause in Würenlos ging es unkompliziert zu. Man sagte, was man dachte, der Kontakt war direkt, es wurde gelacht und manchmal gestritten. Ich sehnte mich beim ersten Besuch plötzlich nach meinem Zuhause, nach meinen Eltern. Die Gepflogenheiten im leisen und gepflegten Haushalt von Martha blieben mir fremd und das Geklapper von Silberbesteck und Porzellan nahm ich als aufdringliche und beinahe mahnende Geräusche wahr.

Dölf traf ich in den folgenden Jahren, wie bereits erwähnt, unzählige Male. Ob er wusste, wer ich bin, und ob er sich fragte, warum eine 25-Jährige plötzlich und wie aus dem Nichts heraus im Leben seiner Frau auftauchte, älter wurde, 30 Jahre alt, dann 40 Jahre alt und immer noch da war, irgendwie dazugehörte und doch nicht? Die Antwort kannte ich viele Jahrzehnte lang nicht. Heute weiß ich, dass er wusste, wer ich bin. Einmal soll Dölf gesagt haben: „Jetzt haben wir doch noch eine Tochter." Aus diesen Worten schließe ich Wohlwollen mir gegenüber, vielleicht sogar Stolz. Mit mir sprach er niemals über meine Rolle in dieser Familie und versuchte vielleicht auf seine Art, meine Existenz als Normalität zu behandeln.

In der Zwischenzeit wusste ich, dass Martha ein beinahe zurückgezogenes Leben führte, so als wäre alles andere ein Risiko, dass man mehr über sie erfahren könnte, sie sich jenen, denen sie vertraute, offenbaren könnte, erzählen könnte, was geschehen war. Gelegentlich nahm sie an gesellschaftlichen oder kulturellen Anlässen teil, war die gern gesehene Gattin von Dölf. Doch die meiste Zeit verbrachte sie in der Wohnung, machte den Haushalt, schüttelte Kissen auf, wischte Staub, achtete darauf, dass aller Nippes schön angeordnet in den Regalen stand, kochte das Mittagessen und bereitete das Abendbrot zu. Beide Mahlzeiten wurden pünktlich eingenommen, so wie auch der übrige Alltag einer strengen Routine folgte. Es war ein unaufgeregtes Leben. Eine Existenz, in der alle Arten von Überraschungen wenig Platz hatten. Die Tage reihten sich aneinander, die Wochen, Monate und Jahre. Man könnte es ein ereignisloses Leben nennen, doch in Wirklichkeit muss Martha in diesem Dasein jene Sicherheit, Berechenbarkeit und Ruhe gefunden haben, nach der sie sich nach meiner Geburt gesehnt hatte.

Mit manchen ihrer Eigenschaften konnte ich mich gut identifizieren und in anderen Dingen erkannten wir Ähnlichkeit. Wie wir die Tasse hielten, wie sich Ernsthaftigkeit und Heiterkeit schnell abwechselten. Die Unähnlichkeit beschäftigte uns fast noch mehr: meine Sportlichkeit, die große Tierliebe. „Beides hast du bestimmt nicht von mir", scherzte Martha eines Tages in einem Anfall von Leichtigkeit und Übermut und wir mussten beide lachen. Tatsächlich dachte ich über meinen leiblichen Vater anfänglich so gut wie gar nicht nach. Wie bei den allermeisten Adoptivkindern konzentrierte sich auch mein Bedürfnis nach Klarheit oder dem fehlenden Puzzleteil in meiner Biografie und Identität auf die Mutter.

Lange Zeit nahm ich an, es hätte sich damals, als sie in einem Restaurant in Chur arbeitete, um einen One-Night-Stand gehandelt. Marthas Unwillen, den Namen meines Erzeugers zu nennen, brachte ich damit in Verbindung, dass er nach einer einzigen Nacht vielleicht einfach vom Erdboden verschwunden war. Im Rahmen meiner erst sehr viel später stattfindenden Suche nach erhellenden Details zu meiner Geschichte gelangte ich jedoch zu amtlichen Unterlagen, die andere Informationen zutage förderten. Eine Zürcher Jugendkommission verfasste im Januar 1963 einen Bericht an die Vormundschaftsbehörde in Dietikon. In dieser Zürcher Gemeinde lebte meine Mutter damals offenbar. Im offiziellen Papier hieß es, dass Fräulein Tschalèr auf etwa Ende Februar ein außereheliches Kind erwarte, man ersuche um die Anordnung einer Beistandschaft. Das Schreiben beinhaltete eine Erklärung der Kindesmutter, die auf die Vaterschaftsabklärung für ihre Tochter Bernadette verzichte und das Kind zur Adoption freigeben wolle.

Ich erfuhr aus diesem Schreiben, dass meine Zeugung nicht wie bisher angenommen in Chur, sondern im Ausland stattgefunden hatte. Martha arbeitete zwischendurch als

Zugbegleiterin, reiste in dieser Funktion verschiedene Male in den hohen Norden, verliebte sich und wurde ungeplant schwanger. Vielleicht war er verheiratet. Vielleicht war er ein Tunichtgut. Auf jeden Fall sah sie in diesem Mann keinen Vater oder Partner und weigerte sich standhaft, seinen Namen preiszugeben. Den Erzeuger des Kindes ließ sie in den Dokumenten als „unbekannt" vermerken. In den entsprechenden Papieren war die Frage nach dem „Schwängerer" ein großes Thema, wie ich viel später erfuhr. Der Verzicht meiner Mutter, diesen Namen bekannt zu geben oder nach diesem Mann forschen zu lassen, hatte erhebliche Konsequenzen zur Folge und bedeutete, dass sie auf Alimente verzichtete.

Das amtliche Schreiben verriet zwischen den Zeilen ebenfalls, dass sie sich von diesem Mann wenig erhoffte. Mit der Platzierung bei zukünftigen Adoptiveltern sei Entscheidenderes und Positiveres getan als mit der Regulierung der Vaterschaft, hieß es. Ebenfalls wurde darauf hingewiesen, dass die junge Mutter einen besonnenen und verantwortungsbewussten Eindruck mache, sie sich diese Entscheidung gut überlegt habe. Die beigelegte Erklärung meiner Mutter, die ihren Verzicht auf mich amtlich machte, zeigt, dass die zuvor geäußerte Absicht, mich wegzugeben, erst vier Monate nach meiner Geburt in die Tat umgesetzt wurde. Mein Erzeuger weiß bis zum heutigen Tag nichts von meiner Existenz, und so wird es auch bleiben.

# Martha

Die Kontakte zwischen mir und Martha gestalteten sich, nachdem ich keine Fragen mehr stellte, Rücksicht nahm, mich mit den wenigen Informationen begnügte, die sie mir lieferte, friedlich und schön. Im Nachhinein war es eine gute Entscheidung, dass wir nie versucht haben, einander eine Mutter oder ein Kind zu sein. Diese Art der Nähe wäre von Anfang an zum Scheitern verurteilt gewesen. Wir akzeptierten beide weiterhin, dass man das Verlorene nicht ungeschehen machen kann. Das größte Kompliment, das sie mir in all den Jahren jemals machte, war der Satz: „Du bist ein Geschenk für mich."

Später wurden wir vielleicht so etwas wie Freundinnen, kamen uns näher und respektierten gleichzeitig jene Distanz, die zwischen uns bestehen blieb. Wenn ich zum Skilaufen fuhr, übernachtete ich nun bei Martha zu Hause. Sie bereitete mir das Frühstück zu, ermahnte mich aber nicht, Mütze und Handschuhe einzupacken. Wenn wir zusammen in St. Moritz unterwegs waren, trafen wir manchmal auf Bekannte von ihr. Sie stellte mich mit Namen und Nachnamen vor. Erst nach ihrem Tod erzählte mir ihre beste Freundin, die über meine Existenz nichts gewusst hatte, dass Martha einmal ein Treffen mit ihr verschieben musste. Die Begründung? Es habe sich Besuch angekündigt. Die Frage von Lilliana*, um wen es sich handle, beantwortete Martha mit dem Satz: „Eine Bekannte, die ich lange nicht mehr gesehen habe." Ich erinnerte mich an dieses Datum und dass Martha davon gesprochen hatte, eine andere Verabredung absagen zu müssen. Jetzt wussten Lilliana und ich: Diese Bekannte war ich gewesen!

Martha war eine Bereicherung in meinem Leben und manchmal auch eine Herausforderung. Sie konfrontierte mich mit mir selbst. Sie hatte ihre Verschlossenheit nie überwinden können. Das große Lebensgeheimnis, welches sie bis ins hohe Alter nicht preisgeben konnte, und all ihre unterdrückten Gefühle prägten, so glaube ich, ihre Existenz. Ohne Zweifel verfügte ich über ähnliche charakterliche Eigenschaften wie sie. Ich weiß nicht, ob meine Erfahrungen mit ihr dazu beitrugen, aber mit zunehmender Lebenserfahrung schaffte ich es, mich zu öffnen, und viel später fand ich den Mut, mich vertieft mit meiner Geschichte zu befassen. Ich hatte mir diese nicht selbst ausgesucht, doch sie gehörte zu mir. Die Auseinandersetzung bedeutete auch, Schmerz und Ratlosigkeit auszuhalten. Doch irgendwann fand ich innere Ruhe, Versöhnung. Alles ist gut. Das war bei Martha nicht der Fall.

Auch aus diesem Grund begann ich, nicht mehr nur über meine Anliegen nachzudenken, über meine Fragen, die unbeantwortet blieben, und auch darüber, was eine solche Adoptionsgeschichte für die leiblichen Mütter bedeutet. Die Trennung von Mutter und Kind ist für ein Neugeborenes zweifelsohne ein scharfer Schnitt. Doch dann beginnt ein neues Leben, im Idealfall mit Eltern, die das Kind lieben und ihm beste Voraussetzungen bieten, um ein gutes Leben zu führen. Erinnerungen an die Mutter hat das Kleinkind nicht und die folgenden Jahre wird es ohne Bewusstsein für die vorangegangene Zäsur aufwachsen. Für die leibliche Mutter geht das Leben auch weiter, doch die Entscheidung, von der man sich vielleicht einen Neuanfang verspricht und bessere Zukunftschancen für das Kind, kann ein zweischneidiges Schwert sein, denn die Trennung bleibt im eigenen Bewusstsein verankert. Wie ergeht es dem Kind? Wie sieht es jetzt aus? Ist es glücklich? Lebt es noch? Vielleicht sieht man andere Kinder für immer mit den Augen einer Mutter, deren Tochter oder Sohn jetzt im selben Alter wäre.

Das heutige Adoptionsrecht ermöglicht zum Glück verschiedene Formen der Weggabe. Viele leibliche Eltern bleiben in der einen oder anderen Art und Weise in das Leben der Kinder involviert. Sie erfahren von den Adoptiveltern, was geschieht, und manche halten sogar persönlichen Kontakt zu den Kindern. So verliert eine harte Entscheidung vielleicht auch für die Mütter ihre messerscharfen Konturen und sorgt auf allen Seiten für eine gewisse Normalität.

Bei den vor 1973 ausgesprochenen Adoptionen in der Schweiz handelte es sich um sogenannte Volladoptionen. Die leiblichen Mütter hatten keinerlei Rechte mehr. Jeglicher Kontakt wurde unmöglich. Es war ihnen nicht einmal erlaubt, die erwachsenen Kinder zu suchen, die Initiative musste von den Adoptierten ausgehen. Trug dieser Umstand bei Martha zu einem Trauma bei, das auch andere Frauen nicht verkraftet haben? Hat Martha in all den Jahren gehofft, dass sie eines Tages durch mich kontaktiert wird?

Ich weiß es nicht, glaube aber, dass ihre anfängliche Bereitschaft, mich kennenlernen zu wollen, einen Kontakt aufzubauen, dem Bedürfnis geschuldet war, wissen zu wollen, was aus mir geworden ist. Wir näherten uns in winzigen Schritten, etablierten eine Beziehung, lebten diese in einer Art Kokon, zu dem andere Menschen keinen Zugang hatten. Dass mich ihre Lieblingsschwester und ihr Bruder kennenlernen wollten, erzählte sie mir erst zu einem späten Zeitpunkt. Damals war ich mit mir, meiner Geschichte und Martha beschäftigt, konnte und wollte den Kontakt zu diesen Verwandten nicht suchen. Heute weiß ich, dass andere Geschwister in späteren Jahren zwar von meiner Existenz wussten, doch Martha informierte sie nicht weiter über den langen Zeitraum unseres Kontakts. Dass andere Menschen sich dem Stillschweigen unterzogen, das ihnen meine leibliche Mutter indirekt auferlegte, respektierte ich bereits zu ihren Lebzeiten als Geschichte von Martha, die unverarbeitet blieb und keinen Abschluss finden konnte.

# Mein Weg

In diesen Jahren drehte sich nicht alles nur um Martha. Ich widmete mich meinem eigenen Leben, führte in der Zwischenzeit eine gute und verbindliche Beziehung mit einem Mann, der mich bis heute unterstützt und meine Geschichte respektiert. Wir entdeckten das Reisen. Fremde Länder und Kulturen erweiterten meinen Horizont, gleichzeitig betätigte ich mich als begeisterte Trekkerin in Nepal und anderen Regionen, in denen die Bergmassive in den Himmel wachsen. Finanziell standen wir auf stabilen Beinen, lebten in einem schön eingerichteten Eigenheim und genossen die Zweisamkeit. Nach der Ausbildung hatte ich fast zwanzig Jahre lang im Lehrbetrieb weitergearbeitet. Ich bin wie bereits erwähnt Stahl-Graveurin. Ich stach Kupferstiche von Hand, ziselierte und arbeitete auch an den Maschinen, eine kreative und erfüllende Arbeit, bei der mein handwerkliches und künstlerisches Geschick zum Tragen kamen.

Nun war ich 48 Jahre alt. Weitere fünfzehn Arbeitsjahre lagen vor mir. Der Beruf blieb von der Digitalisierung nicht verschont, der Kosten- und Zeitdruck wuchs stetig. Die neuen Begebenheiten entsprachen mir nicht; den ganzen Tag vor dem Computer zu sitzen frustrierte mich zunehmend und so entschloss ich mich zu einer Umschulung. Mein Wunsch, künftig mit behinderten Menschen zu arbeiten, erfüllte sich. Ich fand eine Anstellung in einer entsprechenden Werkstatt und fungierte dort als Gruppenleitern. Behinderte Menschen fordern Offenheit, leben ihre Gefühle sehr direkt aus. Mit ihnen lernte ich, mich auszudrücken, über meine Befindlichkeit zu sprechen. Gleichzeitig gehörte das Reflektieren eigener Handlungen und Reaktionen zu diesem Berufsalltag dazu. Das tat mir gut. Außerdem lernte ich, Probleme aus unterschiedlichen Perspektiven zu betrachten, damit ungewöhnliche Lösungsansätze möglich wurden. Ich entwickelte mich als Persönlichkeit weiter, wurde im Rahmen meiner Möglichkeiten extrovertierter, ließ andere an meinem Innenleben teilhaben und merkte, dass man seine Gefühle kennen muss, damit man die eigenen Handlungen steuern kann. Diese Erfahrungen und Erkenntnisse halfen mir auch in der Beziehung mit Martha.

In diesem Zusammenhang erinnere ich mich an einen Aufenthalt, den meine Mutter, Martha und ich in Soglio verbrachten. Wir unternahmen lange Wanderungen, genossen die wunderbare Lage des Hauses und Martha bereitete in der kleinen Küche währschafte und wunderbare Speisen zu, die wir am Steintisch im Garten in der untergehenden Abendsonne verzehrten. Die Atmosphäre war lockerer als in der Wohnung in St. Moritz. Ich nahm die Natur, die schönen traditionellen Holzmöbel, den schweren Ofen eher als Marthas natürlichen Lebensraum wahr, und sie schien sich in bequemer Kleidung unter freiem Himmel wohl und entspannt zu fühlen. Harmonisch verbrachten wir diese Tage. Ohne an die Vergangenheit zu denken, einfach die gemeinsamen Momente genießend. Außenstehende mussten uns für drei Freundinnen gehalten haben. In Wirklichkeit verbrachte ich Ferien mit meinen beiden Müttern. In all den Jahren, in denen mich meine Mutter im Kontakt mit Martha unterstützte und begleitete, erlebte ich nie eine Konkurrenzsituation zwischen den beiden so unterschiedlichen Frauen, die es irgendwie schafften, dass wir zu dritt gut funktionierten.

Dieser Aufenthalt bleibt eine wunderschöne Erinnerung, auch weil ich damals ahnte, dass sich die Beziehung mit Martha weiterentwickeln könnte, eine Annäherung im höheren Alter vielleicht möglich sein würde. Wir waren beide älter geworden, standen damals bereits so lange in Kontakt, wie wir getrennt gewesen waren: 24 Jahre. Eine lange Zeit, in der Martha erlebte, dass ich ihr Vertrauen nie missbrauchte, sie so respektierte und akzeptierte, wie sie eben war. Und gleichzeitig hatte ich nie die Hoffnung verloren, dass sie die Frage nach dem Warum eines Tages doch noch beantworten würde.

Zu meinen Eltern pflegte ich weiterhin regelmäßigen Kontakt. Meine späten Fragen, aus welchen Gründen sie Kinder adoptiert hatten, beantwortete Mutter offen und ohne jegliche Scheu. Was manche Frauen in den 1960er Jahren offenbar taten - sie verschwanden einige Monate von der Bildfläche, um danach mit einem Baby in den Armen wieder aufzutauchen, das sie als leibliches Kind ausgaben - bewertete meine Mutter als trauriges Verhalten, das niemandem guttat. Das Aufrechterhalten eines bürgerlichen Ideals, in dem Unfruchtbarkeit keinen Platz hat, wird heute auch in der Fachliteratur kritisiert. Wenn die Verheimlichung in den Familien eine zentrale Rolle spielt, nehmen die involvierten Kinder Schaden. Nicht weil sie adoptiert wurden, sondern weil ihr Umfeld fast automatisch ein sonderbares Verhalten an den Tag legt, die Betroffenen instinktiv spüren, dass etwas nicht stimmt, Dinge ungesagt bleiben.

In unserem Fall, so erklärte mir meine Mutter, hätte die erweiterte Familie vom ersten Tag unserer Ankunft gewusst, was Sache sei. Da kein Tabu entstehen konnte, wurde die Thematik auch nicht als übermäßig interessant bewertet oder, um es in den Worten meiner klugen Mutter zu sagen: „Alle haben vergessen, dass ihr nicht unsere leiblichen Kinder seid, weil dieser Punkt unwichtig war." Meine Eltern, das kann ich im Nachhinein sagen, gingen mit meiner Adoption sehr gut, weil offen und natürlich um. Während ich mit meinem Vater in späteren Jahren weniger über dieses Thema sprach, blieb es im Leben von meiner Mutter und mir präsent und führte - auch in der Geschichte mit Martha - dazu, dass wir ein Herz und eine Seele blieben. Auch im Alter erlebte ich meine Mutter als mutige und bewundernswerte Frau. Als Vater schwer erkrankte, war es sehr hart für uns. Doch niemand ging mit dieser schwierigen Situation besser um als meine Mutter. Sie bot ihm jede erdenkliche Hilfe, umsorgte ihn mit Weitsicht und Respekt. Als er 78-jährig starb, blickte sie im Wissen, alles für ihn getan zu haben, was ihr möglich war, bald wieder nach vorne. Sie blieb dem Leben zugewandt, nahm am Dorfleben teil, blieb tolerant und offen, war allseits beliebt und gern gesehen.

Als Dölf ebenfalls an Demenz erkrankte, sich sein Zustand innerhalb von zwei Jahren massiv verschlechterte, war Martha am Boden zerstört. Sie fand keinen Umgang mit dieser Krankheit, die für jene, die sie trifft, eine riesige Krise bedeutet und ihnen unglaubliche Anstrengungen abfordert. Dölf war hochintelligent, eine Persönlichkeit und ein Leader gewesen. Martha stand zeitlebens in seinem Schatten und gleichzeitig erstrahlte auch sie in seinem Glanz. Nun schottete sie ihn und sich selbst von der Außenwelt ab, übernahm alle Aufgaben selbst und war - insbesondere, da die Krankheit in rasantem Tempo voranschritt - organisatorisch und emotional heillos überfordert. Sie litt. Die Versuche von Mutter und mir, auch aufgrund unserer eigenen Erfahrung mit dieser Krankheit, zu helfen, eine Veränderung herbeizuführen, die für alle Beteiligten eine Erleichterung bedeutet hätte, brachten nichts.

Einmal sagte Martha am Telefon: „Ich weiß nicht, wie ich ohne Dölf weiterleben soll." Ich spürte ihren Schmerz und ihre Verzweiflung.

Gewohnt, keine Fragen zu stellen und zu schweigen, wenn ihr ein Thema Unbehagen bereitete, sagte ich aber nichts. Es war ein Fehler. Die Krankheit ihres Mannes belastete sie über alle Maßen und schwächte ihren Lebenswillen. Es fehlte ihr an einer Perspektive. Von ihrem einmal geäußerten Wunsch, im Alter nach Rhäzüns zu ziehen, erfuhr ich erst nach ihrem Tod. Dass sie sich von diesem Ort, der mit so vielen schmerzhaften Erinnerungen verbunden war, Linderung und Beziehungen erhoffte, zeigt meiner Meinung nach, wie verzweifelt sie dem Alleinsein entgegenblickte. Als Dölf in ein Pflegeheim wechseln musste, besuchte sie ihn jeden Tag, wusste, dass der gemeinsame Weg auf ein Ende zusteuerte.

Mein Partner und ich hatten uns, als es ihr schlecht ging, sie abermals schwieg, sich nicht mitteilte, mit einem eigenen Geschäft selbstständig gemacht. Es lief gut, benötigte aber viel Aufbauarbeit und andere familiäre Sorgen nahmen in dieser Zeit überhand. Mehrere Mitglieder aus der Familie von Hansjörg waren schwer erkrankt. Eine kräftezehrende Zeit. Mit Martha blieb ich telefonisch in Kontakt. Wir vereinbarten, dass ich im Januar 2014 zu Besuch kommen würde. In der Vorweihnachtszeit schickte sie mir eine Karte: „Ich freue mich auf unser Wiedersehen." Wochen später riss mich das Klingeln meines Handys aus meinen Gedanken. Mein Partner wollte wissen, ob ich sitze. Ich bejahte. Mich beschlich ein ungutes Gefühl. War etwa meine Schwiegermutter gestorben? Er antwortete: „Nein, es ist Martha." Als würde mir eine Faust in den Magen gerammt, schnappte ich nach Luft. Es dauerte einige Zeit, bis die schrecklichen Worte in mein Bewusstsein vordrangen. Das konnte, das durfte nicht sein. Sie war gesund, erst 75 Jahre alt.

Die Nachricht riss mir den Boden unter den Füßen weg, brachte meine Welt ins Wanken und die Verzweiflung schlug als riesige Welle über mir zusammen. Nachdem ich einen dreitägigen Absturz hingelegt hatte, das Bett nicht mehr verlassen und nicht mehr denken konnte, rappelte ich mich am vierten Tag auf und fragte Hansjörg, wer ihn benachrichtigt habe. Er antwortete: „Marthas Bruder." Da ich mit den Schwestern und Brüdern meiner leiblichen Mutter keinen Kontakt pflegte, ebenso wenig wie mit anderen Verwandten, erstaunte mich diese Nachricht sehr. Wenig später erfuhr ich, wie man mich ausfindig gemacht hatte. Marthas älterer Bruder Paul* kannte meinen Nachnamen. Seine Frau Monika*, an der eine talentierte Privatdetektivin verloren gegangen ist, wie ich heute weiß, machte sich auf die Suche und gelangte über Umwege an die Festnetz-Telefonnummer. Monika ist es zu verdanken, dass ich überhaupt vom Tod meiner leiblichen Mutter erfahren habe!

Die Trauer nahm mich gefangen, gleichzeitig beschäftigte mich die Todesursache. Ich erfuhr, dass Martha zu Bett gegangen war, ohne ihre Medikamente zu schlucken. War es ein Versehen gewesen oder Absicht? Sie geriet in eine Unterzuckerung, erwachte nicht mehr, starb im Schlaf. Dass sie völlig unerwartet und ohne dass ich mich von ihr verabschieden konnte, gestorben ist, ließ mich abermals in Tränen ausbrechen. Hätte ich mich mehr kümmern müssen? Hätte ich verhindern können, dass sie ihre Medikamente nicht mehr einnahm? Ist das Nicht-Fragen und das Schweigen eine stille Akzeptanz, dass man es nicht so genau wissen will, den anderen seinem Schicksal überlässt?

## Zweite Familie

Auch meine zu diesem Zeitpunkt bereits betagte Mutter war erschüttert über den Tod der Freundin. Ich konnte ihr die Strapazen nicht zumuten, nach St. Moritz zur Beerdigung zu reisen. Hansjörg begleitete mich. Ich war hin- und hergerissen, hatte keine Ahnung, was mich erwartete, und die Vorstellung, dass ich plötzlich einer großen Verwandtschaft gegenüberstehen würde, bescherte mir schlaflose Nächte. Kurz telefonierte ich mit Paul und Monika, ließ sie wissen, dass ich an der Beerdigung von niemandem angesprochen werden wollte. Ich war mit meinen Gefühlen und meiner Trauer beschäftigt, spürte Überforderung angesichts einer surrealen Situation und wusste nicht, wie ich diesen Tag überstehen sollte.

Bereits auf dem Weg nach St. Moritz wollte ich bei verschiedenen Gelegenheiten umkehren, doch schließlich fuhren wir jene Straße entlang, die ich auch mit Martha so oft entlang spaziert war, und bereits von Weitem waren die tiefen Glockenklänge der katholischen Kirche zu vernehmen. In der Menschenmenge konnte ich nicht erkennen, wer zu meiner Verwandtschaft gehörte. Jeder und jede hätte eine Tante, ein Onkel, eine Cousine oder ein Cousin, ein Neffe oder eine Nichte sein können.

Die Kirchenbänke waren voll, die Orgel erklang, weiße Blumen schmückten ihre Urne. Das Leben von Martha wurde gewürdigt. Es startete mit der Heirat. Sie wurde als verantwortungsbewusste Persönlichkeit geschildert, freundlich und rücksichtsvoll. Als wertvolles Gemeindemitglied. Als Tante, Schwester und Ehefrau, die für immer vermisst wird. Als Mutter wurde sie - natürlich - nicht erwähnt. Ich fühlte mich schlecht, plötzlich erschien mir hier alles falsch, erneut wurde verschwiegen, was nicht sein durfte. In meine düsteren Gedanken vertieft, setzte sich plötzlich ein Mann neben mich. „Ich wollte nur schnell meiner Cousine Guten Tag sagen." Andreas*, der Sohn von Paul und Monika, so erfuhr ich später, ist mit einer Opernsängerin verheiratet und hat selbst drei Adoptivkinder.

Am Leidmahl nahm ich nicht teil, das war mir schlicht unmöglich. Ich wollte so schnell als möglich wieder ins Unterland zurückkehren, in mein Leben. Ich benötigte Abstand, musste die Trauer bewältigen, war familiär weiterhin stark engagiert. Das folgende Jahr war durch weitere Verluste in der Familie geprägt und der schlechte Gesundheitszustand meiner Mutter forderte mir ebenfalls viel ab.

Dölf starb nur wenige Monate nach Martha. Ich kehrte in dieser Zeit nicht nach St. Moritz zurück. Die Trauer darüber, dass der Weg von Martha und mir derart abrupt endete, begleitete mich. Das Schlimmste war, dass wir uns vor ihrem Tod nähergekommen waren, ich das Gefühl hatte, dass sich Distanz und Fremdheit endlich verkleinerten und die unsichtbare Mauer, die sie aufgebaut hatte, doch noch niedergerissen werden könnte. Jetzt war nichts mehr rückgängig zu machen, nichts war mehr veränderbar, vieles würde ungesagt bleiben. Diese Einsicht deprimierte mich anfänglich. Doch die folgenden Jahre verliefen so ganz anders, als ich es mir vorgestellt hatte. Endlich konnte ich meinen Wurzeln ohne Rücksicht auf Martha nachge-

hen. Und andere Menschen, die in ihr Schweigen einge-
bunden gewesen waren, durften ebenfalls sprechen.

Ich lernte endlich meine zweite Familie kennen. Menschen,
die mich mit offenen Armen aufnahmen. Menschen, die
Nähe und Vertrauen zuließen, mir ihre Sicht der Dinge
schilderten, mich an ihren Einschätzungen teilnehmen ließen und so auch das Bild von Martha vervollständigten.
Von Anfang an ließ ich diese Angehörigen wissen, dass ich
keine Schuldigen suchte, keine Aussagen werten würde,
niemanden verurteilte und auch, dass ich eine glückliche
Kindheit und Jugend verbracht hatte, mit wunderbaren
Eltern, und selbst ein gutes Leben führte. Diese Haltung
half beim Knüpfen von Kontakten. Sie nahmen mich ohne
Vorurteile und ohne viele Fragen auf. Sie versuchten, meinem Bedürfnis nachzukommen, noch mehr über Martha
und die damaligen Umstände zu erfahren, und legten dabei Geduld und Toleranz an den Tag. Ich spürte Vertraut-
heit und Wohlwollen und bald stellte sich das schöne Gefühl ein, dass diese Menschen zu meiner zweiten Familie
gehörten und ich zu ihnen.

Briefe wurden ausgetauscht, verschiedene Treffen fanden
statt.
Ich lernte Marthas Bruder Paul und seine Frau besser kennen und erfuhr: Paul wusste seit über fünfzig Jahren von
mir. Martha rief ihn damals an, wollte ihn in Landquart
treffen, erzählte ihm von der Schwangerschaft. Zuvor hatte
er seine Eltern nach Chur begleitet, holte diese nun ab, erzählte ihnen die Neuigkeit. Seine Schwester wartete am
Bahnhof in Landquart, hoffte darauf, dass die Eltern kom-

men und mit ihr sprechen, sie in die Arme schließen würden, ihr Hilfe und Unterstützung anbieten würden. Doch das geschah nicht. Paul, der Priester werden wollte, redetet seiner Schwester später ins Gewissen, sie solle das Baby austragen. Nicht nur Marthas Eltern, auch ihre Geschwister wussten in der Zwischenzeit von diesem Kind, das in aller Heimlichkeit geboren wurde. „Niemand hat mir geholfen." Diesen Satz sprach Martha bei verschiedenen Gelegenheiten aus. Es war die einzige Schuldzuweisung, die ich jemals von ihr gehört habe.

Natürlich erfuhr ich auch einiges über die damaligen Lebensumstände, über die Verhältnisse in dem kleinen Dorf, in dem meine leibliche Mutter aufgewachsen ist, über die Rolle der Mädchen und Frauen in jener Zeit. Über die Zwänge und ihre Träume. Und wie das Schweigen zustande kam. Obwohl es offenbar andere junge Frauen im Dorf gab, die ebenfalls mit einem  „Unehelichen" nach Hause kamen, wie mir Marthas Schwester Jahre später mitteilte, empfand deren Mutter, eine fromme und strenge Frau, die Schwangerschaft ihrer Tochter als Schande. Und obwohl Martha allem Anschein nach die Lieblingstochter ihrer Mutter war, wurde ihr die Hilfe verweigert.

In den Häusern des Dorfes mit den wenigen Hundert Einwohnern war die Gefahr groß, dass bald alle Bescheid wussten. Auf engem Raum und ohne viele Möglichkeiten der Ablenkung wurde umso mehr beobachtet. Auch kleinste Vergehen, die dem Konsens widersprachen, blieben im kollektiven Gedächtnis verankert und wurden von Generation zu Generation weitergetragen. Der Wille zu verheimlichen, was nicht sein durfte, war auch in anderen Familien ausgeprägt, und im Verlaufe von vielen Generationen erwies sich eine Strategie als besonders wirksam: Man redete nicht darüber. Man schwieg. So drang nichts nach außen. So war es, als wären die Dinge nie geschehen.

Während die jungen Burschen ihre Freiheiten genossen, hatten die Mädchen züchtig und folgsam zu sein, und ohne erlernte Berufe blieben sie abhängig, von den Eltern, vom Ehemann und von moralischen Vorstellungen. Dies schaffte eine Beengung, die Martha damals verlassen wollte. Nachdem ich dies erfahren hatte, stellte ich eigene Überlegungen an. Das Verlassen des Dorfes wurde unter Umständen als offene Kritik an den dortigen Lebensumständen interpretiert. Die Tschalèr-Tochter geht weg, wenn auch nur nach Chur und dann nach Zürich, um als Zugbegleiterin zu arbeiten. Doch man fragte sich vermutlich schon, ob so viel Freiheitsliebe gut enden könne oder am Ende doch durch den Herrgott bestraft werde.

Schuld und Scham prägten auch anderswo das Lebensgefühl der frühen 1960er Jahre und somit das Handeln und Wirken der Menschen. Martha muss sich für ihren Fehltritt geschämt haben, und was sie im Dorf gelernt hatte, war, dass alles, was nicht konform ist, der Verheimlichung unterliegt. Auf seltene Fragen der Geschwister zu diesem Thema reagierte Martha in den folgenden Jahren offenbar gereizt.

Paul (81) und Monika (78), Bruder und Schwägerin von Martha

*"Ganz am Anfang unserer Beziehung - das ist jetzt über fünfzig Jahre her - sagte mein Mann oft, seine Schwester sei eine "Arme". Irgendwann fragte ich:"Sie ist doch gesund und jung; warum ist sie denn eine Arme?" Paul lüftete das Geheimnis vom Kind, das Martha habe weggeben müssen. Er hatte ihre Schwangerschaft per Zufall bemerkt und informierte auf Geheiß seiner Schwester die Eltern, und als Martha an Weihnachten nicht nach Hause kommen konnte - sie war zu diesem Zeitpunkt bereits hochschwanger -, wurden auch die übrigen Geschwister von der Mutter in Kenntnis gesetzt. Heute spreche ich auch im Namen von Paul. Mein Mann erlitt vor einigen Jahren einen Schlaganfall. Doch ich weiß, wie er über alles denkt und welche Meinungen er vertritt.*

*Die Geschichte meiner Schwägerin ist auch eine Geschichte jener Zeit. Die fast größte Schande, die man den Eltern bereiten konnte, war, mit einem "Unehelichen" nach Haus zu kommen. Wurde ein Kind außerehelich gezeugt, musste auch geheiratet werden. So war es damals und alles andere hatte Sanktionen zur Folge. Vielleicht hoffte Martha, das Kind würde Aufnahme bei den Eltern finden? Die Mutter war bereits krank, der Vater betagt. Dass diese Hilfe nicht möglich war, muss für Martha trotzdem eine riesige Enttäuschung gewesen sein. Der älteste Bruder bot allerdings an, das Kind aufzunehmen. Er hatte bereits vier Kinder und kämpfte mit persönlichen Problemen. Mein Mann empfand diese Voraussetzungen als nicht ideal und zusammen mit den Eltern wurde beschlossen, dass das keine Lösung sei. Paul ließ mich in jungen Jahren wissen, dass ich diese Information streng geheim halten müsse. Daran hielt ich mich, so wie die übrigen Familienmitglieder auch.*

Die Gründe für Marthas Entscheidung blieben ungesagt. Der Makel und die schlechten Zukunftsaussichten sprachen wohl dafür. Offenbar stand auch im Vormundschaftsbericht, der das Adoptionsverfahren begleitete, dass sich die Kindesmutter geschämt habe und diese Phase ihres Lebens vergessen möchte. Über die vier Monate, die Bernadette im Monikaheim verbrachte, wissen wir nichts. Auch nicht, woher das Geld stammte, mit dem Martha die Unterbringungskosten bezahlte.

Vom Taufbild erfuhren wir erst viel später durch Bernadette. Meine Schwägerin hielt den schön gekleideten Säugling im Arm, war sorgfältig frisiert und gekleidet. Diesen Tag verbrachte sie ganz allein. Welche Gefühle sie begleitet haben müssen, die Einsamkeit, die Verzweiflung und die Traurigkeit darüber, dass sie ihr Kind nicht behalten kann, sind nachvollziehbar. Vier Jahre nach Bernadettes Geburt kam unser Sohn Andreas zur Welt. Martha war seine Patentante, hielt auch ihn bei der Taufe im Arm. Man fragte nicht, wie es ihr dabei ging, weil das weggegebene Kind ein Tabuthema blieb. Vielleicht vermisste sie diese Fragen und später durfte man sie dann nicht mehr stellen.

Als junge Eheleute befreiten sich Paul und ich aus dem Bann der Schwiegermutter. Sie war die Chefin im Haus, wusste ihre Interessen durchzusetzen und verteilte die Liebe nicht immer gerecht. Martha kehrte nach Hause zurück. Sie war die eigentliche Lieblingstochter der Mutter und fühlte sich - loyal und verantwortungsbewusst, wie sie war - den Eltern offenbar weiterhin verpflichtet. Sie galt als sehr fleißig, praktisch veranlagt und als gute Organisatorin. Später heiratete sie Dölf. Mit der Familie blieb sie sporadisch in Kontakt. Über das Kind sprach man, wie bereits erwähnt, nicht. Gleichzeitig war es in all den Jahren präsent, hat die Menschen beschäftigt, die Beziehungen und auch Marthas

*weiteres Leben beeinflusst. Es ist eine verrückte und auch trauri-*
*ge Geschichte.*
*Ich weiß nicht mehr, ob sie oder wir den Anfang machten und*
*irgendwann doch über das Gewesene sprachen. Ich verstand es*
*nicht, dass man ein Kind weggeben kann, hielt mich aber zurück.*
*Bernadette musste etwa 12-jährig gewesen sein, als Martha uns*
*wissen ließ, sie wisse, wo das Kind lebe. Sie wolle am Weißen*
*Sonntag in die entsprechende Kirche gehen und nach einem*
*Mädchen Ausschau halten, das ihr ähnlich sehe. Wir wissen*
*nicht, ob sie das getan hat, doch es zeigte uns, dass sie diese Toch-*
*ter nie vergessen hat. Als Bernadette als junge Erwachsene doch*
*noch in ihr Leben trat, ließen wir Martha wissen, dass wir die*
*Tochter kennenlernen möchten. Aber es kam leider nicht zustan-*
*de. Wir wussten, dass Bernadette Töff fährt, in Spreitenbach lebt*
*und arbeitet. Einmal fuhren wir an den vermuteten Arbeitsplatz,*
*doch Bernadette war nicht anwesend und wir kehrten unverrich-*
*teter Dinge nach Hause zurück.*

*In späteren Jahren intensivierte sich der Kontakt zwischen*
*Martha, Dölf und uns. Wir wussten: Sie war nicht nur glücklich.*
*Sämtliche Türen der Küchenschränke funktionierten nicht mehr,*
*da sie diese, vermutlich verärgert über ihr eingeschränktes Da-*
*sein, jeweils mit voller Wucht zuschlug. Sie hatte eine sehr schö-*
*ne Stimme, durfte den Chor aber nicht besuchen, weil ihr Mann*
*diese Aktivität als zu einfach empfand, und auch arbeiten durfte*
*sie lange Zeit nicht. An eine Episode erinnere ich mich besonders*
*gut: Wir waren einige Tage zu Besuch bei ihnen, mussten das*
*Haus auf Geheiß von Martha am Morgen verlassen und kehrten*
*am Abend von einem Ausflug zurück. Sie nahm uns im langen*
*Abendkleid, Dölf im Anzug in Empfang. Er dekantierte eine teu-*
*re Flasche Rotwein. Die große Tafel war weiß gedeckt mit Porzel-*
*lan und Silber. Wenig später trafen die Gäste ein, zwei alte Her-*

ren in Sonntagsanzügen: der Pferdemetzger und der Bruder eines Bischofs. Wir stießen auch dazu. Es war ein lustiger Abend, der in guter Erinnerung bleibt, aber auch zeigte, wie wichtig ihnen die Konventionen waren.

*In den Jahren vor ihrem Tod ging es Martha nicht gut. Auch wegen Dölfs Krankheit. Sie begann, zu verallgemeinern. Wenn man ihr Hilfe anbot, prasselten wilde Vorwürfe auf einen nieder: "Ihr habt mir früher nicht geholfen, jetzt müsst ihr mir auch nicht helfen." Sie war richtiggehend vergrämt. Anstelle selbst Verantwortung zu übernehmen, sprach sie alle anderen schuldig. Gleichzeitig gärten andere Familienkonflikte unter der Oberfläche, die nicht dazu beitrugen, dass zwischen manchen Geschwistern eine Versöhnung stattfinden konnte.*

*Erst nachdem Martha starb, lernten wir Bernadette kennen. Seither sehen wir uns regelmäßig. Sie gehört zur Familie und nahm auch am großen Fest zum 80igsten Geburtstag meines Mannes teil. Gemeinsam versuchen wir, die Vergangenheit zu ordnen und zu komplementieren. –Einig sind wir uns, dass Marthas Schmerz mit der Zeit und weil die Tochter doch noch in ihr Leben kam, eine gewisse Linderung erfuhr: Doch verarbeitet hat sie das Gewesene nie."*

Spurensuche

2019 - fünf Jahre nach Marthas Tod - fand ich den Mut, die heutige „Stiftung Monikaheim" zu kontaktieren. Im durch den katholischen Fürsorgeverein gegründeten Notasyl konnten junge Frauen seit den 1930er Jahren ihre Kinder zur Welt bringen und vorübergehend mit ihren Säuglingen dort leben. Heute gehören ein Kinderheim und ein begleitetes Wohnen für Mutter und Kind zur Institution und Adoptionen werden nicht mehr vermittelt. Ich erhielt keine neuen Informationen. Zu lange her. Volladoption. Geheimhaltung. Datenschutz.

Andere amtliche Papiere, die ich im gleichen Jahr beschaffen konnte, sprachen in diesem Zusammenhang von einem familiären Druck, der Martha offenbar zögern ließ, mich wegzugeben. Vier Monate sind eine lange Zeit. Sie muss mit sich gerungen haben, suchte vielleicht verzweifelt nach Möglichkeiten, um mich behalten zu können. Hilfe blieb jedoch aus, sie stand jung und mittellos da, musste eine schwere Entscheidung allein fällen, von der sie nicht mit absoluter Sicherheit sagen konnte, ob es die richtige war. Welche Überlegungen mochte sie in die Waagschale geworfen haben? Über ihre eigentlichen Beweggründe wusste auch der ältere Bruder nichts. Nichts über ihre Gefühle und die Einsamkeit, die mit dieser Zäsur verbunden gewesen sein mussten.

Bereits zu einem frühen Zeitpunkt hatte mir Marthas Schwester Karin* einen Brief geschrieben. Sie wollte mich kennenlernen. Ich überlegte mir gut, was es bedeutete, auch für mich. Damals war ich etwas angeschlagen, wusste nicht, wohin mich neue Informationen und zusätzliches Wissen führen würden, zögerte. Gleichzeitig war ich mir bewusst, dass die Angehörigen älter wurden. Bereits zwei von Martha Geschwistern waren verstorben. Nach einer Pause, in der ich meine innere Balance finden musste, war ich Wochen nach Marthas Tod bereit, Karin und ihren Mann Richard* zu treffen.

Karin bestätigte, dass sich Martha von der Familie distanziert hatte. Man brachte diesen Umstand indirekt mit ihrem Leben in St. Moritz und den besseren Verhältnissen in Verbindung, in denen sie nun lebte. Ob ihr Leben glücklich war, sie in diesem Milieu Erfüllung fand, bezweifelte ich aufgrund der neuen Schilderungen ein wenig. Vielleicht hat sie den goldenen Käfig gesucht, erfüllte die Ansprüche, die mit einem Dasein verbunden waren, das wenig persönliche Freiheit erlaubte, weil der einzige Versuch davonzufliegen in jungen Jahren schwerwiegende Konsequenzen gehabt hatte. Über ihr Leben in St. Moritz wussten meine Tante und mein Onkel nicht viel, außer dass Martha nicht arbeitete, keine Geldsorgen hatte und viel zu Hause war. Zu einem späteren Zeitpunkt traf ich Karin abermals. Wir sprachen über die frühen Jahre und sie ließ mich wissen: Marthas Herkunftsfamilie lebte in den 1950er und 1960er Jahre in bescheidenen Verhältnissen in einer Wohnung. Erst als die Kinder größer waren, bauten die Eltern ein Haus. Die übrigen Geschwister sollen nicht gerne in dieses Haus zurückgekehrt sein, in der die Mutter ihre Liebe oft ungerecht verteilte und die Partnerinnen und Partner der Söhne und Töchter wenig Akzeptanz erfuhren.

Manche Details der Beziehung zwischen Mutter und Lieblingstochter können seltsam erscheinen. Offenbar bewohnte Martha zeitweise im oberen Stockwerk des Hauses ein Zimmer, und als die Eltern alt und krank waren, konnten sie auf Marthas Hilfe zählen. Ihre Ankunft musste nicht speziell erwähnt werden. Suchte ihre Mutter den Coiffeur auf und fiel sie durch gute Laune auf, wussten die anderen: Bald wird Martha durch die Türe treten. Die familiären Beziehungen rissen nicht ganz ab, so erfuhr ich von den Geschwistern. An runden Geburtstagen, Kommunionen, Hochzeiten und Taufen liefen sich die Geschwister, die Mutter und Martha wieder über den Weg. Man war freundlich und umgänglich. Mehr nicht. Die übrigen Brüder und Schwestern hatten geheiratet, kleine Kinder in meinem Alter sorgten für Freude und Glück. Auch bei der Großmutter, so stelle ich mir vor. Strickte sie den Kleinen Strampelanzüge? Hob sie die ehelich geborenen Enkel und Enkelinnen freudig in die Luft, während die eine Tochter sie beobachtete? Ich erfuhr, dass Martha Kinder geliebt hat. Sie nahm die Babys auf den Arm, hielt sie fest, blickte ihnen in die Augen. Dachte sie dabei an mich und daran, dass auseinandergerissen worden ist, was einmal zusammengehört hat? Ihre Erklärung, Dölf sei zu nervös und zu viel beschäftigt, als dass man eigene Kinder haben könne, erschien einigen Familienmitgliedern wohl seltsam, doch niemand wagte, Fragen zu stellen.

In den Jahren nach Marthas Tod begann ich, mich auch ausführlich mit Literatur und wissenschaftlichen Abhandlungen zu befassen, die inzwischen zur Adoptions-Thematik existierten. In einigen Aussagen fand ich mich wieder: dass ein Teil der Suchenden realistische Erwartungen hegt, sich Orientierung erhofft, eben ein fehlendes Puzzleteil in seiner Biografie finden möchte, wissen will, wie die leiblichen Eltern aussehen. Sie möchten das Verlorene wiederfinden, um eine fehlende Kontinuität in ihrem grundsätzlich zufriedenen Leben herzustellen. Glücklicherweise gehöre ich zu dieser Gruppe und nicht zur zweiten, die nie in ihren Adoptivfamilien angekommen sind, dort keine Nähe und Liebe erfuhren und also mit sehr hohen Erwartungen aktiv werden, wenn sie die leibliche Mutter suchen, was in der Mehrheit der Fälle zu Enttäuschungen führt. Interessant fand ich auch eine Abhandlung zu zwei prägenden Grunderfahrungen, die alle Adoptierten machen: das nicht gewollt und das Weggegebensein durch die ersten Eltern und das Ausgewähltsein durch die zweiten Eltern. Dies führe dazu, so sagen Fachleute, dass die Betroffenen eine „doppelte Kindschaft" in sich tragen. Zwei Heimaten, zwei Elternpaare und doppelt so viele Verwandte können später eine Herausforderung darstellen. Aber auch eine Bereicherung sein, wenn man es schafft, den inneren und nicht immer bewusst erlebten Loyalitätskonflikt zu bewältigen, indem man die Beziehungen mit der biologischen Familie maßvoll gestaltet, das heißt, ein richtiges Maß an Nähe und Distanz finden und umsetzen kann.

Die Kinder stehen in der Adoptionsforschung im Vordergrund. Die Rolle und Bedeutung der leiblichen Mütter wird nicht verschwiegen, aber es existiert wenig Literatur, die sich mit dem weiteren Schicksal jener Frauen auseinandersetzt, die selbst gewählt einen scharfen Schnitt vollziehen, mit dieser Entscheidung aber weiterleben müssen. Wie verläuft das Leben der Betroffenen? Wie werden die Konsequenzen der Entscheidung zehn oder zwanzig Jahre später beurteilt? Dazu ist wenig bis nichts bekannt. Allerdings fand ich eine Information, die mich erstaunte. Viele Frauen, die ein Kind zur Adoption freigeben, bleiben später kinderlos. So auch Martha.

Paul's Frau Monika verdanke ich einen weiteren wertvollen Kontakt, der sich im Herbst 2019 ergab und diese Thematik im weitesten Sinn vertiefte. Ich erfuhr von einer Freundin meiner leiblichen Mutter. Lilliana* habe Martha über fünfzig Jahre lang durch dick und dünn begleitet und sei eine enge Vertraute gewesen. Monika nannte mir eine Telefonnummer. Ich meldete mich, stellte mich vor: „Ich bin Marthas Tochter." Am anderen Ende der Leitung herrschte langes Schweigen. Obwohl die beiden jahrzehntelang miteinander befreundet gewesen waren, hatte meine Mutter sich ihrer besten Freundin nicht anvertraut, hatte nie über mich geredet. Nicht über die Adoption und auch nicht über den langjährigen Kontakt, den Martha und ich in späteren Jahren zusammen aufgebaut hatten. Von meiner Existenz hatte die Freundin erst an Marthas Todestag erfahren. Seit sie von mir wusste, habe sie über manche seltsamen Reaktionen der Freundin nachgedacht, ein Schleier habe sich gelüftet, vertraute mir Lilliana bei unserem ersten Treffen an, das wenig später stattfand.

Als sie mir die Türe öffnete, blickte sie mich lange an. Als suche sie nach Spuren der Freundin, die sie vermisste. Dann umarmte sie mich und in den folgenden Stunden erzählte sie mir, wie sie Martha erlebt hatte. Der Kontakt begann in jungen Jahren, zum Zeitpunkt, als Martha heiratete, auch weil Dölf und Lillianas Mann in der gleichen Studentenverbindung waren. Endlich erfuhr ich von glücklichen Zeiten. Die beiden Ehepaare unternahmen Reisen in ferne Länder, und wann immer die Männer gemeinsam unterwegs waren, trafen sich auch die beiden Freundinnen. Gespräche, Wanderungen, die Erkundung verschiedener Städte und manches Glas Sherry sorgten für gute Stimmung und Zusammenhalt. Lilliana erlebte Martha als überwiegend zufriedene Frau. Wirtschaftliche Sicherheit, eine enge und verbindliche Beziehung mit Dölf, eine Existenz fernab jenes Milieus, das sie als einschränkend empfunden hatte, entsprachen einem ruhigen und sorglosen Glück, das ihrem Wesen entsprochen habe, fand sie.

Bereits früh hatte sie bemerkt, dass die Freundin Kinder liebte und sich gern mit ihnen befasste, wann immer sich eine Möglichkeit bot. In den Ferien nahm sie jeweils ein Mädchen und einen Jungen bei sich auf; beide stammten aus zerrütteten Verhältnissen. Martha umsorgte die Kleinen - sie mussten ungefähr in meinem Alter gewesen sein - fürsorglich und großzügig, sah sie über viele Jahre hinweg aufwachsen und sei am Boden zerstört gewesen, als sich der Junge später das Leben nahm und das Mädchen als junge Frau mit schwerwiegenden Problemen zu kämpfen hatte. Zuvor, die Kinder mussten etwa im Vorschulalter gewesen sein, hatte sich Lilliana einmal bei Martha erkundigt, ob sie sich selbst schon mit dem Gedanken befasst habe, Kinder zu adoptieren. Die Freundin reagierte ausgesprochen ungehalten. Lilliana akzeptierte die später angebrachte Entschuldigung sofort und sprach dieses Thema nie wieder an.

Heute kenne sie den Grund für Marthas heftige Reaktion und auch andere Gemütsverstimmungen, die sich scheinbar aus dem Nichts heraus ergaben, und verstehe sie nun besser. Seit der Beerdigung der Freundin waren vier Jahre vergangen. Lilliana hatte intensiv über diese Beziehung nachgedacht. Dass ihr etwas so Wesentliches verschwiegen worden war, betrachtete sie nicht als Mangel an Vertrauen und sah die Freundschaft deshalb nicht in einem anderen Licht. Sie äußerte allerdings Bedauern darüber, dass die Freundin diesen schweren Lebensabschnitt offenbar nie verarbeitet habe. Meine biologische Mutter muss gewusst haben, dass ein solches Geheimnis bei Lilliana für immer sicher aufgehoben gewesen wäre, doch sie wollte möglichen Fragen und dem Interesse an dieser Geschichte, die zu Schmerz und Angst geführt hätte, wie Lilliana vermutete, auch in diesem Fall aus dem Weg gehen.

Marthas Entscheidung, mich wegzugeben, kommentierte die kluge Freundin mir gegenüber mit keinem Wort. Das Treffen war aufwühlend und klärend und ich war froh, dass ich zu Informationen gelangte, die das Leben meiner leiblichen Mutter in einem guten Licht zeigten. Da ich praktisch keine Fotografien von ihr besaß, überreichte mir Lilliana beim Abschied verschiedene Bilder und ohne weitere Erklärung ein Geschenk: eine auffällige Figur, eine Ente, deren Füße und Schnabel aus Messing gearbeitet sind. Zu Hause zeigte ich das Geschenk meinem Partner, der sofort schaltete. Eine ähnliche Ente lag in einer Schublade im Schlafzimmer.

Ich hatte scheinbar vergessen, wie ich vor vielen Jahren zu ihr gekommen war, und wollte sie Hansjörg, der ein begeisterter Flohmarktgänger ist und selbst auch solche Verkäufe organisiert, verschiedene Male mitgeben. Er hat sich geweigert, nun wusste ich, wieso. Weil er wusste, von wem dieses Geschenk stammte. Von Martha. Ein unglaublicher Zufall wollte es, dass mir ihre Freundin nun das Pendant ausgehändigt hatte. Nachdem die Einheit des Entenpaares auseinandergerissen worden war, steht es nun erneut in großer Eintracht auf einem Wandregal bei uns zu Hause.

# Lilliana Keck* (76), Marthas beste Freundin

*"Marthas Schwägerin rief mich am besagten Tag an und informierte mich über den Tod meiner langjährigen Freundin. Während des gleichen Telefonates fragte sie, ob ich "es" wüsste. Ich fragte nach, was sie meine. Sie antwortete, Martha habe in jungen Jahren ein Kind weggeben müssen. Ich war extrem überrascht, konnte beide Nachrichten zuerst gar nicht richtig glauben: Es war ein doppelter Schock. An der Beerdigung, das erfuhr ich ebenfalls, würde die Tochter anwesend sein, wolle aber von niemandem angesprochen werden. Ich erkannte Bernadette sofort, respektierte aber ihren Wunsch. Ich hätte mich auch in den folgenden Monaten und Jahren nicht getraut, den Kontakt zu ihr zu suchen, es war für mich eine Frage der Diskretion. Ich wollte nicht, dass sie denken könnte, ich frage sie über die Mutter aus.*

*Anfänglich verbrachte ich schlaflose Nächte. Martha und ich waren fast ein halbes Jahrhundert befreundet gewesen. Es war eine verbindliche und tiefe Freundschaft, die wir pflegten. Dass sie ein großes Lebensgeheimnis hatte, ahnte ich nicht. Über viele Themen redeten wir offen und vertraut miteinander. Von ihrer Familie sprach sie nicht viel, ich wusste, dass die Beziehung zur Mutter eher schwierig war und der älteste Bruder Probleme hatte. Auch die übrigen familiären Kontakte, die sie - so glaube ich - wegen der Nichten und Neffen aufrecht hielt, waren sporadischer Natur. Dass die Familie und ihre Herkunft keine großen Gesprächsthemen waren, brachte ich auch mit Dölf in Verbindung. Er stammt aus St. Moritz. Seine Eltern führten ein Mineralwassergeschäft. Als Martha ihn kennenlernte, amtete er bereits als Untersuchungsrichter in Chur und später eröffnete er eine eigene Anwaltskanzlei in St. Moritz. Stand und Status waren ihm nicht unwichtig und diese Werte hat Martha übernommen.*

*Sie war ein guter Mensch. Verantwortungsbewusst, feinfühlig und sie konnte auch unbeschwert sein, lachen und scherzen. Ich erinnere mich an die vielen Anlässe, die im Rahmen der Studentenverbindung unserer Männer stattgefunden haben. Während Reisen und Zusammenkünften, und auch im Beisein unserer Kinder, pflegten wir unsere Freundschaft. Wenn ich an die gemeinsame Zeit zurückdenke, muss ich feststellen: es hätte verschiedene Gelegenheiten gegeben, um zu erwähnen, was geschehen war. Doch Martha schwieg. Jahrzehntelang, und vielleicht dachte sie irgendwann: Jetzt ist es zu spät, um zu reden.*

*Ihr Schweigen mir gegenüber interpretiere ich nicht als Vertrauensbruch. Es war ein Problem, das sie mit sich trug und nicht lösen konnte. Mit dem Thema, ein Kind weggegeben zu haben, war vielleicht Scham verbunden, vielleicht auch die Angst vor einem Gesichtsverlust. Das sind schmerzhafte Gedanken, denn ich hätte sie für diese Entscheidung niemals verurteilt. Sie wusste, dass mein Mann und ich tolerant und aufgeschlossen sind. Ich stamme selbst aus einem kleinen Dorf und weiß natürlich, was es in den 1960er Jahren bedeutete, ein uneheliches Kind zu haben. Vielleicht ärgerte sie sich, dass sie nicht den Mut und die Kraft aufbrachte, das Kind zu behalten. Ich bin selbst Mutter und kann mir vorstellen, wie hart diese Entscheidung für sie gewesen sein muss.*

*Ich erlebte sie in gewissen Belangen als wenig belastbar und etwas hilfsbedürftig. Veränderungen mochte sie nicht. Dölf war zeitlebens ihre Stütze, war stets der Organisator, sorgte für sie. Vielleicht entsprach das ihrem Bedürfnis nach Sicherheit. Auf jeden Fall aber wurde ihr Leben sehr schwierig, als ihr Mann schwer erkrankte und diese Rolle nicht mehr erfüllen konnte.*

Er sprach mit anderen früh und offen über die Demenzerkrankung. Martha bestritt die Krankheit hingegen rundweg. Sie verdrängte, was ihr Schmerz bereitete, auch in diesem Fall.

In der folgenden Zeit veränderte sich meine Freundin, reagierte gereizt auf vieles, entschuldigte sich oft und natürlich verzieh ich ihr alles. Über einen leichten Schlaganfall, den sie erlitt, sprach sie offen mit mir und auch über ihre Angst, dass ihr Mann irgendwann nicht mehr da sein wird. Ich sicherte ihr in allem unsere uneingeschränkte Hilfe zu. Doch sie geriet tiefer in eine Krise, nahm das Telefon auch bei mir nicht mehr ab und dann verstarb sie unerwartet und plötzlich.

Ich musste ihren Tod verarbeiten, aber auch die Gewissheit, dass sie mir nichts von ihrem Kind erzählt hat. Ich konnte mich mit meinem Mann und unseren erwachsenen Kindern ausgiebig darüber unterhalten. Es tat mir gut. Und dann läutete eines Abends das Telefon. Mein Mann reichte mir den Hörer. Die Frau stellte sich als Tochter von Martha vor. Ich war richtig schockiert. Ich ließ Bernadette wissen, dass ich zurückrufe, weil ich noch in der Küche beschäftigt war. Beim Rückruf war ich aufgeregt und sehr nervös und erinnere mich nur noch schemenhaft an den Inhalt unseres Gesprächs. Ich hatte bei diesem Kontakt mit Bernadette ein merkwürdiges Gefühl: Könnte es nicht auch ein Zeichen von Martha sein, die vom Himmel aus Ordnung schaffen möchte? Vielleicht dabei helfen zu können, was sich die Freundin gewünscht hat, stimmt mich heute zuversichtlich. Als Bernadette und ich uns zum ersten Mal begegneten, erkannte ich vor allem in der Augenpartie meine Freundin. Es war ein bewegender Moment. Ich erzählte von Martha und erfuhr meinerseits einiges: auch, dass die beiden seit über zwanzig Jahren Kontakt hatten.

*Bernadette bringt der Mutter viel Verständnis und Toleranz entgegen, das ist eine bewundernswerte Haltung. Ebenso wie es Martha mit uns getan hatte, sprach sie mit der Tochter über manche Themen offen und verschloss sich bei anderen Fragen konsequent. Martha und Bernadette schafften es in späteren Jahren, sich auf das Hier und Jetzt zu konzentrieren, auf die schönen und guten Momente, die man in der Gegenwart zusammen verbringt.*

*Heute sehe ich Marthas Schweigen mit uns auch in diesem Zusammenhang. Sie wollte die unbeschwerte und gute Freundschaft nicht mit einem Thema belasten, das unweigerlich für Schmerz gesorgt hätte. Trotzdem bleibt vieles ein Rätsel. Könnte ich meiner Freundin eine letzte Frage stellen, würde diese lauten: "Warum?" Die Last, die Martha zu tragen hatte, bedaure ich zutiefst. Hätte sie darüber reden können, hätte sich vielleicht einiges relativiert und ihr Leben wäre nicht mit diesem Kummer belastet gewesen."*

## Licht im Dunkel

Trotz vieler neuer Informationen, die ich in der folgenden Zeit noch erhalten sollte, blieben das Wesen, die Eigenheiten, die Persönlichkeit meiner leiblichen Mutter ein Stück weit ein Mysterium. Dass sie nie einen Menschen fand, der in ihr etwas anrührte, was sie zum Erzählen animiert hätte, sie diese Chance vielleicht auch nicht ergriff, vermutlich sogar von sich wies, erfüllt mich mit Trauer. Einmal, so erfuhr ich, suchte sie wohl wissend um den seelischen Ballast einen Psychologen auf. Doch diese Therapie brach sie ab, noch bevor das Wesentliche hätte besprochen werden können.

In meiner Wahrnehmung schuf sie sich ein Gefängnis, und den Schlüssel, der die Türe hätte öffnen können, warf sie weg. Es war ihre Entscheidung, sich der Vergangenheit nicht zu stellen. Dies tat sie mit erstaunlicher Konsequenz. Doch heute weiß ich, dass die Entscheidung, ein Kind wegzugeben, nicht mit der Unterschrift unter das amtliche Papier abgeschlossen ist. Der Weg geht so oder so weiter. Für alle Beteiligten. Martha konnte sich selbst nicht verzeihen, konnte sich mit dieser Entscheidung und den Konsequenzen nicht versöhnen und ihren Schmerz nicht verarbeiten. Das tut mir unendlich leid und gleichzeitig bin ich froh, dass es mir gelungen ist, über meine Geschichte zu sprechen und diese darzulegen.

Die Jahre nach ihrem Tod brachten Licht ins Dunkel und gleichzeitig ergaben sich neue Fragen. Heute weiß ich, dass ich selbst einen Abschluss finden muss, auch damit ich mit den Mitgliedern meiner neuen Familie andere Themen finde, wir normale Freundschaften pflegen können und die immer gleichen Fragen in den Hintergrund rücken. Ich arbeite bereits aktiv an solchen Abschlüssen und in diesem Sinn unternahm ich 2019 eine Reise. Nach Marthas Tod war es mir einige Jahre lang unmöglich gewesen, ins Engadin zurückzukehren. Zu viele Erinnerungen. Zu viel Schmerz. Der Umstand, dass ich nun allein dorthin in die Ferien verreisen wollte, bereitete mir anfänglich Kopfzerbrechen, würde ich mit meinen Gefühlen und Gedanken doch auf mich selbst zurückgeworfen sein.

Erneut hinzugehen war schwierig, aber wichtig, wie ich wusste. Vor Jahren erlitt ich beim Schwimmen im See eine Art Panikattacke. Man vermutete, dass das Gegenteil von Klaustrophobie, die Angst vor weiten Flächen, der Grund sein könnte. Musste ich mich damit abfinden, nie mehr an einem Triathlon teilzunehmen? Auf meine Frage, was ich tun solle, antwortete mein Physiotherapeut lapidar: „Es einfach noch mal versuchen." Das tat ich und bald fühlte ich mich im Wasser wieder so wohl wie zuvor. Seither weiß ich: Man muss sich den Problemen stellen, damit man sie überwinden kann.

Ich quartierte mich schließlich in einem Hotel in St. Moritz ein. In diesem Dorf hatte ich mit meinen beiden Müttern vor fünfzehn Jahren einige Ferientage verbracht, die mir in bester Erinnerung geblieben sind. Dankbar dachte ich an diese Zeit zurück, in der Martha zu einer Freundin wurde, die Qualität unserer Beziehung stabil und gut war. Ich dachte auch an meine Mutter, an ihre Liebe zu mir - und daran, dass sie mir so vieles ermöglich hat, für das ich ihr immer dankbar sein werde. Diese Zeit zu dritt war damals ein Heilungsprozess. Das Haus in Soglio fand ich auf Anhieb wieder. Es wirkte gepflegt, auch der Umschwung präsentierte sich ordentlich und der Steintisch schien erst kürzlich gereinigt worden zu sein.

Ich hoffte, dass der Schlüssel vielleicht noch am selben Ort versteckt wäre, ich von der Türe aus einen Blick in das Innere des Hauses werfen könnte. Den Schlüssel fand ich nicht, dafür fiel mein Blick auf einen Stuhl: helles Holz, eine lange Lehne, die Sitzfläche geflochten. Auf diesen Stühlen saßen wir damals. Am Kopfteil hing ein Zettel mit einer Telefonnummer, die ich mit dem Handy fotografierte. Es ließ mir keine Ruhe, ich wollte wissen, ob das Haus aus dem Nachlass von Dölf in der Zwischenzeit verkauft worden war, kam zu keinen genauen Informationen, wählte irgendwann die Nummer und erfuhr: die Stühle, sechs Stück, würden gratis abgegeben, es gebe bereits eine Interessentin. Ich erwähnte, dass das Haus ein spezieller Ort für mich sei. Mein Gegenüber fragte nach und ich ließ die Frau wissen, dass ich mit Martha, meiner leiblichen Mutter, hier einmal Ferien verbracht hatte. Diese Worte sorgten am anderen Ende einmal mehr für Schweigen. Die Frau entpuppte sich als Nichte von Dölf.

Von meiner Existenz habe sie erst nach bei Dölfs Beerdigung erfahren, sagte sie mir und regte spontan ein Treffen an. Ich war glücklich über diesen neuen Kontakt und beim unbeschwerten Kennenlernen waren auch ihre beiden Schwestern anwesend.

Sie gehören einer jüngeren Generation an. Ihnen sitzen die Erinnerungen an die prüden 1960er Jahre weniger stark in den Knochen als ihren Eltern. Sie sind Vertreterinnen und Vertreter einer neuen Welt, in der es verschiedene Familienmodelle gibt, alleinerziehende Mütter Respekt und Hilfe erfahren und auch aus diesen Gründen, zumindest in der Schweiz, praktisch keine Kinder mehr zur Adoption freigegeben werden. Sie gehen mit dieser Thematik offen und pragmatisch um, das erfuhr ich auch in den Kontakten mit meinen Cousinen und Cousins.

Andreas, der mich an der Beerdigung spontan begrüßt hatte, lernte ich im März 2020 kennen. Er war Marthas Patenkind und pflegte, anders als seine Geschwister oder die übrigen Familienmitglieder, einen recht engen Kontakt mit ihr. Vor allem im Erwachsenenleben führten sie teilweise vertiefte Gespräche. Die schönste Neuigkeit aus diesem Treffen betraf sicher seine Aussage, dass sich Martha bereits in jüngeren Jahren gewünscht habe, dass ich mich eines Tages bei ihr melden werde und sie stolz auf mich gewesen sei.

## Andreas, 51, Cousin von Bernadette

*"Ich besitze Bilder von meiner Taufe. Martha, meine Patentante, war natürlich auch anwesend. Heute frage ich mich, was sie gedacht haben mag, als sie mich in den Armen hielt. Dass sie in jungen Jahren ein Kind weggeben hat, wusste man in der Familie. Offenbar. Mit allem, was ich heute weiß, der Zurückweisung durch meine Großmutter, die der verzweifelten Tochter nicht geholfen hat, denke ich, dass Martha in dieser Zeit, die mit der Weggabe des Kindes verbunden war, mit aller Härte realisiert hat, dass sie alleine ist. Dieser Zustand dauerte ihr ganzes Leben lang an. Aus dieser Einsamkeit konnte sie sich nicht mehr befreien.*

*Die Schwester meines Vaters war ein verschlossener Mensch, auch eine elegante Erscheinung, und ich glaube, dass ihr manche Privilegien wichtig waren. Einmal ging es um die Frage eines Umzugs. Martha wollte schließlich nicht, weil der Wohnort auf dem Adresskopf des Briefpapiers nicht mehr "St. Moritz" gelautet hätte. Wie ich davon erfuhr, dass ich eine Cousine habe, die sechs Jahre älter ist als ich, weiß ich nicht mehr. Meine Gotte hat sich immer um mich gekümmert, und als ich erwachsen war, hatten wir ein gutes Verhältnis, konnten mit der Zeit sogar recht vertiefte Gespräche miteinander führen. Sie hatte zu diesem Zeitpunkt ein Bild von Bernadette aufgestellt und fand es toll, dass sie Frauenfußball spielt. Dass die Tochter wieder in ihr Leben treten möge, war ein großer Wunsch von Martha gewesen.*

*Als meine Frau und ich unseren ersten Jungen adoptierten, schrieb mir Martha einen Brief. Sie freute sich sehr für uns und ein Satz blieb mir im Gedächtnis: "Ein Kind zu adoptieren, ist nur Freude, ein eigenes Kind wegzugeben, ist nur Leid. Die*

*Freude, es doch noch kennengelernt zu haben, ist nun umso grö-*
*ßer." Die Zeilen zeigen mir, dass sie Bernadette schmerzlich*
*vermisst hatte, sie mit einem Schicksal haderte, das sie mit zu-*
*nehmendem Alter auch bitter machte. Als ihr Mann schwer er-*
*krankte, der gemeinsame Weg dem Ende entgegenging, war sie*
*sehr unglücklich und einmal mehr, konnte sie nicht darüber spre-*
*chen. Sie verlor den Faden, nahm das Telefon nicht mehr ab. Das*
*neue Jahr lag wie ein unüberwindbarer Berg vor ihr. Sie forderte*
*das Schicksal heraus, starb im Schlaf, weil sie die Medikamente*
*nicht mehr genommen hat.*

*An der Beerdigung sprach der Pfarrer meiner Meinung nach*
*ziemlich offen aus, was er von irgendjemandem erfahren haben*
*musste. Dass die Familie Martha zeitlebens im Stich gelassen*
*hat. Die Familie hat sicher zu wenig geholfen und meine Groß-*
*mutter hat auch anderen Frauen das Leben schwer gemacht, aber:*
*Irgendwann muss man den eigenen Rucksack auspacken, an-*
*schuuen, was man diesem selbst beigefügt hat, und sich - auch*
*wenn es schmerzt - mit der Vergangenheit befassen. Das konnte*
*meine Gotte nicht. Ich ermahnte sie in späteren Jahren oft, den*
*Ballast abzuwerfen, indem sie sich mit dem Gewesenen gründlich*
*befasst, und vermittelte sie an eine Freundin, die als Naturheil-*
*praktikerin arbeitet und auch Hypnosen durchführt. Martha be-*
*suchte diese Fachfrau drei Mal, wenn ich mich richtig erinnere,*
*aber sie sprach nicht darüber, was sich in den Behandlungen er-*
*geben hatte. Im Endeffekt konnte sie keine Hilfe zulassen, viel-*
*leicht auch, weil ihr diese in der größten Krise ihres Lebens ver-*
*weigert worden war.*

*In der Zwischenzeit lernte ich Bernadette kennen und bin froh*
*darüber. Ich habe sie bei einem längeren Treffen direkt gefragt,*
*was sie sich von der Niederschrift ihrer Geschichte verspricht*

*und warum sie aus dem Gewesenen ein Buch machen möchte. Sie sagte: "Um abzuschließen." Sicher ist es ein großer Bruch, der ihr zugefügt worden ist, aber lässt sich dieser Bruch kitten? Bernadette antwortete: "Ja, davon bin ich überzeugt." Die Suche nach den Wurzeln verstehe ich gut. Sie versucht, die Mosaiksteine zusammenzutragen, das Ordnen und Gewichten hilft bei der Verarbeitung vielleicht und dass alles für die Ewigkeit festgehalten wird.*

*Es ist ein wenig verrückt, dass meine Frau und ich heute glückliche Eltern von drei Adoptivkindern sind. Wir befinden uns in der gleichen Rolle wie Bernadettes Eltern, die so vieles vorbildlich gemacht haben. Die gute Beziehung der Tochter zu jenen Menschen, die sie lieben und wollten, war - so versicherte mir auch Bernadette - das Beste, was geschehen konnte. Mit meinen Kindern versuche ich, das Thema ihrer Adoption ebenfalls offen anzusprechen. Gleichzeitig versuche ich, ihnen zu vermitteln, dass es zwischen dem Beenden einer Beziehung - jener mit ihrer leiblichen Mutter - und der Aufnahme bei uns, keine Sekunde ohne Liebe für sie gegeben hat."*

## Freiraum

Die Nichte von Dölf schenkte mir bei unserem Treffen einen der besagten Stühle, zudem eine wunderschön gerahmte Lithografie und das bereits erwähnte Fotoalbum aus dem Besitz der Eheleute. Die Bilder und Schnappschüsse zeigen Martha in jüngerem Alter, aber auch in späteren Jahren. Dölf war Mitglied in unzähligen Vereinen und Gremien. Gemeinsam unternahm man Ausflüge, feierte manches Fest. Martha wirkt heiter, hält Grillspieße in den Händen und Rotweingläser. Der geflochtene Einband aus Bast roch speziell, als sie mir das Fundstück aushändigte. Heute ziehe ich es von Zeit zu Zeit aus der Plastiktüte, in dem ich die fotografischen Beweise an heitere Stunden im Leben von Martha aufbewahre, und hoffe, dass der Einband seinen privaten Geruch niemals verliert.

Sie wurde in Rhäzüns beerdigt. In jener Gemeinde, die so eng mit ihrer Geschichte und ihrem Schicksal verbunden ist. Kurz nach ihrem Tod besuchte ich zusammen mit meinem Partner den dortigen Friedhof, der sich anfangs des Jahres tief verschneit zeigte. Wir wussten einzig, dass sie im Grab ihrer früh verstorbenen Schwester liegt. Mit bloßen Händen wischten wir Schnee von den Grabsteinen. Eine Besucherin zeigte uns schließlich die letzte Ruhestätte von Martha und ich konnte die mitgebrachten Blumen niederlegen. Drei Jahre später besuchte ich Rhäzüns erneut: zusammen mit Karin. Wir unternahmen einen Spaziergang zum Elternhaus von Martha. Auf einer Anhöhe mit einer wunderschönen Aussicht auf die sommerliche Natur und die Berge setzten wir uns auf eine Bank. Auf dieser Bank sitze ich seither regelmäßig, hänge meinen Gedanken nach, wenn ich das Grab meiner leiblichen Mutter besuche oder die Gemeinde erkunde, die so eng mit dem Schicksal von Martha verbunden ist. Rhäzüns liegt am Unterlauf des Hinterrheins vor dem Zusammenfluss mit dem Vorderrhein, in der Region Imboden im Kanton Graubünden. Das Wasser der Quelle wird seit den 1850er Jahren genutzt und noch heute kennt jede Schweizerin und jeder Schweizer das gleichnamige Mineralwasser. Die einzigartige Auenlandschaft, die historischen Kirchen und die Luftseilbahn Rhäzüns-Feldis machen Rhäzüns zu einem beliebten Ferienort, der heute auch als „Schweizer Alpenstadt" angepriesen wird.

Die Einwohnerzahl hat sich fast verdoppelt, seit Martha im Jahr 1939 das Licht der Welt erblickte. Im Jahre 1960 existierten hier rund 37 Landwirtschaftsbetriebe. Heute sind es nur noch vier ausgesiedelte Betriebe. Alte Bauernhöfe, kleine Scheunen und Ställe gehören trotzdem zum Straßenbild und erinnern an frühere Zeiten, in denen die Gemeinde als selbstversorgend galt. Vieles hat sich in der Zwischenzeit verändert. Das Freizeitangebot ist groß, es gibt Möglichkeiten der Unterhaltung. Die Bewohnerinnen und Bewohner, meist junge Familien, die in den neu gebauten Häusern wohnen, sind den alten Zwängen nicht mehr ausgesetzt. Doch noch immer thront die Kirche über dem Dorf. Bei einem Besuch schlenderte ich durch die Straßen und Gassen, stand plötzlich am Bahnhof, sah wie in einem Traum Martha in Landquart auf die Mutter warten, die nicht kam. Ich spürte ihre Verzweiflung und vermisste sie.

Heute empfinde ich es als Glück, dass Martha und ich Zeit miteinander verbringen konnten. Trotz offener Fragen fühle ich mich versöhnt. Die Kontakte mit meiner zweiten Familie trugen dazu bei, dass ich meine leibliche Mutter noch besser verstehe, ihrer Geschichte noch mehr Mitgefühl entgegenbringen kann als früher. Ich habe meine zweite Familie gesucht und gefunden, das war erst nach dem Tod von Martha möglich. Onkel, Tanten, Nichten, Neffen, Cousinen und Cousins, ein Kontakt ergab weitere und manchmal erschienen mir die vielen Zufälle, die die vergangenen Jahre prägten, wie ein Wink des Schicksals, um weiterzumachen.

Eine Solaranalyse, also ein astrologisches Gutachten, das ich zweimal erstellen ließ, bestätigte erst kürzlich: die Familie wird wichtig bleiben. Meine tapfere und mutige Mutter, die mich loyal und voller Liebe begleitet hat, ist in der Zwischenzeit schwer krank. Ich umsorge sie umsichtig, sie ist umgeben von Menschen, die sie respektieren und lieben. Ihr Leben und unsere Geschichte verschwinden mehr und mehr im Vergessen, das sie umgibt. Doch ich vergesse nichts. Die Liebe übersteht alles und unser Zusammenhalt wird ewig dauern.

Seit Martha gestorben ist, entstand ein Freiraum. Auch meine Gefühle und Gedanken konnten sich in den vergangenen Jahren befreien. Und erst jetzt weiß ich, dass die Frage nach dem Warum nicht beantwortet werden muss und auch nicht kann. Auch wenn man tausend Antworten erhält, ist die richtige nicht dabei. Diese Erkenntnis gehört heute zu meinem Leben, zu meiner Geschichte und zu Menschen, die ich nicht missen möchte.

**Nachtrag:** Rund vier Monate nach seinem 81. Geburtstag verstarb Marthas älterer Bruder Paul. Ich bin sehr dankbar, ihn gekannt zu haben. Er trug viel zu dieser Geschichte bei.

Mitarbeit: Franziska K. Müller/<u>privatbiografie.ch</u>

\* Die Namen wurden verändert.

Zeitfracht Medien GmbH
Ferdinand-Jühlke-Straße 7
99095 Erfurt, Deutschland
produktsicherheit@kolibri360.de